Ein Intellektueller offenbart seine Leidenschaft für den deutschen Schlager, die im Alter von acht Jahren mit einer Bill-Ramsey-Imitation in einer Bäckerei und der Langspielplatte *Die große Polydor-Schlagerauslese* von 1966 begann. Er erzählt von den nicht immer unproblematischen Reaktionen auf die – zumindest im jugendlichen Alter – ungewöhnliche Passion, von Fernsehabenden anläßlich des Grand Prix Eurovision de la Chanson und den nachhaltigen Eindrücken eines Howard-Carpendale-Konzerts. Wohlbegründet nennt der Schlagerliebhaber seine 15 ungeliebtesten Interpreten und stellt in der gebotenen Ausführlichkeit mit zahlreichen Exkursen in verwandte Wissenschaften seine 37 Favoriten vor.

Rainer Moritz, 1958 in Heilbronn geboren, ist Leiter des Hoffmann und Campe Verlages, Christian-Anders-Forscher und Autor zahlreicher Bücher.

Rainer Moritz

Schlager

Kleine Philosophie der Passionen

Deutscher Taschenbuch Verlag

»Sie gibt auch viel« – für Nina

Originalausgabe
Mai 2000
© Deutscher Taschenbuch Verlag GmbH & Co. KG, München
www.dtv.de
Das Werk ist urheberrechtlich geschützt.
Sämtliche, auch auszugsweise Verwertungen bleiben vorbehalten.
Umschlagkonzept: Balk & Brumshagen
Umschlagbild: © Alfons Holtgreve
Satz: Design-Typo-Print GmbH, Ismaning
Gesetzt aus der Bodoni Book 12/14 Punkt (QuarkXPress 3.32 Mac)
Druck und Bindung: C. H. Beck'sche Buchdruckerei, Nördlingen
Gedruckt auf säurefreiem, chlorfrei gebleichtem Papier
Printed in Germany · ISBN 3-423-20362-5

Inhalt

Bäcker Käser

Auch Leidenschaften entstehen, irgendwie und irgendwann. Und wenn sich im nachhinein nicht mehr exakt bestimmen läßt, wann genau sie ihren Anfang nahmen, dann ist die Phantasie gefordert, sich einen symbolischen Startpunkt auszudenken. Mein eigentümliches Interesse für den Schlager begann – und dies gilt ja für die meisten Interessen –, ohne daß ich es bemerkte. Das Phänomen zeigte sich erstmals ohrenfällig an einem Samstagmorgen in der Heilbronner Bäckerei Käser. Dorthin wurde ich, wohl im unschuldigen Alter von acht oder neun Jahren, ausgeschickt, um den familiären Frühstückstisch mit dem zu bereichern, was ein schwäbischer Wochenendauftakt auf jeden Fall benötigt: mit Laugenbrezeln und Laugenweckle. Dreihundert gefahrlose Meter galt es zurückzulegen, ehe das solide Fachgeschäft an der Ecke Schiller-/Goethestraße erreicht war. Was dort, zur Freude und Erheiterung der reichlich anwesenden Kundschaft und der tresenfüllenden Bäckersfrau, geschah, zeugt von einer musikalischen Früherziehung, die unter strengen pädagogischen Gesichtspunkten mit einigen Fragezeichen zu versehen ist: Ich brachte im Laden, offenkundig ohne größeres Lampenfieber, Bill Ramseys seinerzeit sehr populäres Lied *Pigalle* (»... das ist die große Mausefalle mitten in Paris«) zu Gehör. Natürlich hatte ich keinerlei Vorstellung um welche Art von Etablissement es sich dabei handelte oder warum Interpret Ramsey, der häufig mit originellen Schlagern

hervortrat, dieses als gefahrvolle »Mausefalle« bezeichnete. Es mag im Rückblick bedenklich stimmen, daß ich früh eine Neigung zum moralisch zweideutigen Liedgut entwickelte; unter ökonomischen Gesichtspunkten freilich – und diese sind in Schwaben nie zu vernachlässigen – erwies sich der samstägliche Morgenauftritt als lohnendes Unternehmen: Ich wurde für die schwungvolle Darbietung mit einer Extra-Brezel bedacht, ganz umsonst.

Man muß versuchen, die Wurzeln von Neigungen zu fassen; nur so läßt sich verstehen, warum sich ein junger Mensch in den späten sechzigern und siebziger Jahren für einen Ausschnitt der Alltagskultur interessierte, der von Gleichaltrigen mit Hohn und Spott bedacht wurde. Sich mit den Verlautbarungen eines Rex Gildo, Bernd Clüver oder einer Juliane Werding zu beschäftigen galt in diesen Jahren (und das Vorurteil hält sich bis heute) als Zeichen geistiger Zurückgebliebenheit. Deutsche Schlager zu hören, regelmäßig die ZDF-*Hitparade* oder Ilja Richters *Disco* (und das nicht wegen Suzi Quatro oder Sweet) einzuschalten, damit ließ sich kein Staat und kein Eindruck machen. »Wie die Seele ihre Leidenschaften an falschen Gegenständen ausläßt, wenn die richtigen ihr fehlen« ist einer der Essais von Michel de Montaigne überschrieben, und gewiß ließe sich unter sozialpsychologischem oder ideologiekritischem Blickwinkel (der damals selbst in Heilbronn existierte) ergründen, weshalb sich ein jugendliches Gemüt derartigen Verirrungen hingab ... Nichts dergleichen soll in diesem Bändchen geschehen, denn Passionen sind letzten Endes dazu da, angenommen und nicht – sofern sie

dem Gemeinwesen keinen meßbaren Schaden zufügen – seziert zu werden.

Zurück zu Bill Ramsey und Bäcker Käser: Show-Einlagen dieser Art fallen nicht vom Himmel. Wer *Pigalle* oder zumindest dessen Refrain aufs Linoleum eines Ladengeschäftes hinlegt, muß zuvor im häuslichen Kreis manches gehört haben. Meine erste Platte gehörte mir nicht. Sie, eine Langspielplatte, entstammte der dunkelbraunen Musiktruhe meiner Eltern und hieß *Die große Polydor-Schlagerauslese*. Auf ihr waren die großen deutschen Hits eines Jahres versammelt. Ich habe keine Ahnung, warum mir diese Blütenlese (das Wort Sampler kam erst später) in die Hände fiel und warum ich mir dessen Nummern so genau anhörte. Geblieben ist die festsitzende Erinnerung an einige Titel, zum Beispiel an einen heute in der tiefsten Versenkung verschwundenen Interpreten namens Charles Hickman, der *Jeder geht seinen Weg* singen durfte. Oder an Sacha Distel, den Franzosen mit der unglaublich französischen, einschmeichelnden Stimme, der den *Frauenfreund* beschwor – glaube ich. Oder an Freddy, einen Lieblingssänger meines Vaters, der auf dieser LP mit einem unbekannteren Lied, *Abschied vom Meer*, vertreten war, das freilich einprägsame Textzeilen enthielt.

Kinder sprechen oft Wörter aus und nach, deren Sinn ihnen vollkommen unverständlich ist. Wie ich Jahre brauchte, um die – im Prinzip schlichte – Etymologie des Wortes »Autobahn-Zubringer« zu begreifen, so blieben mir Freddys dunkle Verse »Abschied vom Meer, von Wolken, von Winden, von Sternen ... von Häfen, von Flaggenhof im Wind, von Kameraden, die unvergessen

sind« rätselhaft. Was oder wer ist ein »Flaggenhof«? Einem meer- und hafenfern aufwachsenden Kind war das nicht einsichtig, und erst Jahre später, beim Wiederhören, verflüchtigte sich der Zauber dieses Substantivs, und ich mußte erkennen, daß der Silben verschleifende Freddy keineswegs das Areal einer Fahnen- und Flaggenansammlung, sondern vielmehr »Flaggen hoch im Wind« im Blick hatte. Der allerwichtigste Fund auf dieser Platte war für mich aber Connie Francis, deren flatterndes italo-amerikanisches Timbre *Laß mich gehn* forderte, das traurige, entschlossene Abschiedslied einer Frau, die nicht länger Spielball (»für dich war es nur Liebelei / dein Herz war nie dabei«) eines leichtfertigen Mannes sein möchte.

Abschied gab es, das ist unschwer zu erkennen, viel auf dieser Polydor-Langspielplatte. Neben Freddy war – die Erinnerung kommt beim Schreiben – auch Ivo Robic zu hören mit *Rot ist der Wein*, der deutschen Version von *Spanish Eyes*. Freddy und Ivo Robic, diese Namen standen bei meinem Vater hoch im Kurs, weil er sich nie davon abbringen ließ, daß auch Schlagersänger über gesangliche Qualitäten zu verfügen hatten. Interpreten mit einer »guten Stimme« erregten sein Wohlgefallen, und so kam es, daß auch die Lolitas, Nana Mouskouris und Karel Gotts freudig aufgenommen wurden. An dieser Stelle setzte bald kindlicher Widerstand ein, denn ich fühlte mich hingezogen zu Sängern, deren Brüchigkeit im Vortrag einen schillernderen Reiz besaß als der glatte, vermeintliche Wohlklang der väterlichen Favoriten. Für meinen Vater brach die schwerste Zeit in den Siebzigern an, als mehr und mehr ausländische

10

Erzeugnisse den deutschen Musikmarkt okkupierten. Figuren wie Smokie, Joe Cocker oder gar Bonnie Tyler, die, wie mein Vater nicht müde wurde zu betonen, das Mikrophon verschlucken mußten, um sich Gehör zu verschaffen, konnte er nichts, rein gar nichts abgewinnen. »Der hat ja überhaupt keine Stimme«, lautete das knappe Urteil, verbunden mit der Verwunderung, daß dergleichen heutzutage gesendet werde. Gleichzeitig pflegte mein Vater seine Brille abzunehmen, eine demonstrative Geste, die er bis heute beibehalten hat und die er auch einsetzt, wenn ein »völlig unrealistischer« Kriminalfilm aus obskurem Neureichenmilieu zu sehen ist oder die Fußballnationalelf mal wieder so spielt, wie es bei einem Trainer wie Erich Ribbeck zu erwarten ist.

So intensiv die Begegnung mit meiner Polydor-LP war, auch nicht-deutsche Lieder blieben nicht gänzlich außer Reich- und Hörweite. Mein knapp sechs Jahre älterer Bruder, der ansonsten keinen prägenden Einfluß auf mich ausübte, interessierte sich für die Beatles oder die Rolling Stones, was nicht spurlos an mir vorüberging. Eine der Singles, die er sich vom Taschengeld leistete, war David Garricks *Dear Mrs. Appleby* – kein Meilenstein der Rock- und Popgeschichte, doch immerhin ein englisches Lied, das automatisch größere Reputation als Roy Black oder Gerhard Wendland einbrachte. Viel mehr hat David Garrick in seinem weiteren Leben nicht hervorgebracht. Wie er entschwinden zahllose Sänger nach ein, zwei Erfolgen klanglos von der Bildfläche, und es ist die Schuld der vielen Oldies-Revivals, die in den letzten Jahren über uns kamen, daß man die Helden von einst nicht einfach in Ruhe läßt

und auch einen sichtlich vom Leben und von Goldkettchen Gezeichneten wie David Garrick reanimiert. Nein, man tut ihnen und ihren alten Fans nichts Gutes damit, sie ein letztes Mal auf die Bühne zu zerren. »Der Weg allen Fleisches ist die Verwandlung hoffnungsvoller Jugend in die eigene Karikatur – man weiß das von sich selber«, konstatiert der Schriftsteller Herbert Asmodi, und mir scheint so, als habe er beim Abfassen dieser Sentenz vor allem an Sangeskünstler wie David Garrick gedacht.

Die elterliche Schlagerauslese und die brüderliche Garrick-Single kamen beide im gleichen Jahr – 1966 – auf den Markt. Bei der Deutung eigener Abnormitäten fällt es nicht leicht, an den Zufall zu glauben, und so nehme ich es als Schicksalswink, daß 1966 auch für eine andere meiner Passionen, für den Fußball, von einschneidender Bedeutung war. Jeder erinnert sich: Der Sommer '66 (den wir in Tirol verbrachten) flößte den Deutschen eine bis heute währende tiefe Abneigung gegen Letten ein, denn aus Riga stammte Linienrichter Tofik Bachramow, jener von Sehschwächen verschiedenster Art befallene Mann, der – die Fahne hoch im Wind – dem hilflosen Schweizer Gottfried Dienst einredete, Geoff Hursts Wembley-Nicht-Tor sei ein Wembley-Tor gewesen. Und in diesen Sommer fiel auch der Triumph der deutschen Fußballmeisterschaft, die meine Leib-und-Magen-Mannschaft, der TSV 1860 München, erstmals errang. Für einen Achtjährigen sind das aufwühlende Ereignisse, und man sollte niemandem vorwerfen, daß die Einschnitte seines Lebens von scheinbar profanen Dingen wie Fußball und Schlager gebildet wurden.

Ja, Fußball und Schlager, denn diese Phänomene verknüpften sich in jenen Jahren auf vielfältige Weise. Und zwar so: Im Vorfeld der Fußball-WM '66 wurde die Weltöffentlichkeit durch den Diebstahl der berühmten Siegestrophäe, des Coupe Jules Rimet, erschüttert. Tagelang blieb dieser gemeinhin als häßlich eingestufte Pokal wie vom Erdboden verschwunden, ehe ihn ein Hund namens Pickles mit seinen geschickten Pfoten aus dem englischen Erdboden ausbuddelte. Das deutsche Fernsehen – und man begegnete diesem Medium damals ehrfürchtiger als heute – bejubelte den Fund der entwendeten Trophäe erleichtert und spielte als Hintergrundmusik einen der schaurigsten Schlager dieser Zeit ein: Marions *Er ist wieder da*. Nicht weiter störte es, daß dieses Lied, wie sich bei genauerem Hinhören erschloß, das empörende Verhalten eines Mannes beschrieb, der in die Stadt seiner Liebsten zurückkehrt und es fertigbringt, sich nicht ein einziges Mal bei ihr, der Liebsten, zu melden. »Er ist wieder da«, lamentiert Marion mit düster-beleidigter Stimme, was die Fernsehgewaltigen in keiner Weise davon abhielt, den Schmerzensgesang zur freudetrunkenen Begeisterung über den wiedergefundenen World Cup umzuformen. Die Meisterelf der Münchner Löwen wiederum – Küppers, Grosser, Rebele, Heiß, Luttrop ... – lieferte mir mein Sportidol schlechthin: den begnadeten Torhüter Petar Radenkovic, der, in souveränes Schwarz gekleidet, vielleicht, ach was: mit Sicherheit!, der beste seines Faches war, den die Bundesliga je hervorgebracht hat. Und dieser Radi, wie ihn seine Getreuen, also auch ich, liebevoll nannten, verfügte zwar nicht

13

über eine rundum gute Stimme, doch zumindest über eine respektable und brachte es 1965 mit seinem Schlager *Bin i Radi, bin i König* auf Platz 5 der Hitparaden. Mir kam gelegen, daß der Fußballschlager in dieser Zeit eine Hausse erlebte, brachte er doch zwei mir nahestehende Welten urplötzlich und überraschend zusammen. Radis Lied gehört dabei zu der Sorte Sportschlager, die sich vernünftigerweise darauf beschränken, berufsbezogene Erfahrungen zu besingen. So schrieb Texter Fred Rauch dem Münchner Keeper Zeilen auf den Leib, die man seinerzeit für authentisches Ausländerdeutsch hielt und die vor allem den Profialltag auf dem grünen Rasen wiedergaben: »Steh ich so im Tor, / kommt mir manchmal vor: / Leute nehmen Spiel zu ernst, / haben nicht Humor. / Ball kommt wie der Blitz, / daß ich manchmal schwitz'. / Doch ich fang fast alle / mit Humor und Witz«. Ähnlich beschränkt in seinem Weltgehalt blieb auch Bomber Gerd Müller (vom ungeliebten FC Bayern), der seine Strafraumphilosophie auf die Formel *Dann macht es bumm* brachte.

Wesentlich schwerer zu ertragen war es – selbst bei aller Toleranz, die mir damals eigen war –, wenn Sportler meinten, ihre Popularität gesanglich derart auszuschlachten, daß sie »normale« Schlagerthemen wie Liebe, Glück & Leid traktierten. Die Schalker Kremers-Zwillinge rühmten *Das Mädchen meiner Träume*; Hamburgs Außen Charly Dörfel, bar jeder Gesangsbegabung, forderte *Nur einen Kuß*, ganz zu schweigen von den wackeren Versuchen, die Willy Kuhweide (Segeln), Manfred Schnelldorfer (Eiskunstlauf) oder Bubi Scholz

(Boxen) machten. Über Franz Beckenbauer (Fußball) und seinen Schmarren *Gute Freunde kann niemand trennen* will ich kein Wort verlieren. Respekt verlangte einem lediglich Hürdenweltrekordler Martin Lauer ab, der mit dem, was Deutsche damals für Country-Musik hielten, immerhin Anhörbares (*Taxi nach Texas*) produzierte. Schlagergeschichte indes haben die Produkte allesamt nicht geschrieben.

Es wird Zeit, das Kind, das ich unweigerlich war, in Schutz zu nehmen. Die Geschmacksverrohung, die mir auch später auf dem Gymnasium vorgeworfen wurde, war zwar eine hartnäckige, ja vielleicht gar eine, die sich bis auf den heutigen Tag gehalten hat, doch sie war trotz ihrer Intensität nicht allumfassend. Das frühe, unreflektierte Interesse für Schlager erstreckte sich keineswegs auf alles, was unter diese Gattung fällt. Schon die meisten der Sängerinnen und Sänger, die mein Vater ob ihrer Stimmqualität rühmte, blieben mir verdächtig. Besonders ein Name weckt bis heute unangenehme Assoziationen: Rudi Schuricke, die Symbolfigur des Nachkriegsschlagers, der mit seinen *Capri-Fischern* (1943/46) am eindringlichsten die Sehnsucht nach friedlicher, südlicher Ferne wachrief. Schurickes größte Erfolge fielen – meine Trauer darüber hält sich in Grenzen – in die Zeit vor meiner Geburt, doch auch zwanzig, dreißig Jahre, nachdem die *Capri-Fischer* zum Hit wurden, war dieses mit allen Italien-Klischees befrachtete Lied für mich ein fester Bezugspunkt im Jahreslauf. Denn mein Vater, anders als seine Söhne stimmlich gut ausgestattet, nahm freudig Gelegenheiten wahr, um in fröhlicher Runde Gesangseinlagen zum

besten zu geben. Insbesondere die Besuche in seiner Oberpfälzer Heimat boten hierfür das passende Forum. Von Geschwistern, Schwägerinnen und nicht geringen Mengen Bier befeuert, ertönte zu vorgerückter Stunde immer wieder Rudi Schurickes Ohrwurm – für mich eine Erfahrung, die peinlich berührte. Denn die mal geringfügigen, mal erheblichen Veränderungen, die das menschliche Verhalten durch Alkoholgenuß erfährt, waren mir – abstinent, wie ich im Jünglingsalter war – kaum geläufig, und so erschrak ich stets, wenn die Gesellschaft fröhlicher und lauter wurde und sich mein Vater überzeugen ließ, daß wieder Rudi Schurickes Stunde geschlagen habe. Die *Capri-Fischer* selbst können dafür wenig, es läßt sich jedoch nicht leugnen, daß einem bestimmte Melodien durch die Umstände, die sie begleiten, für alle Zeiten vergällt sind. Mit der blöden, blonden Schnepfe, die zum Abschied Howard Carpendales *Dann geh' doch* auf den Plattenteller legte (und rechtzeitig vor dem versöhnlichen Ende ausblendete), wollen wir nie mehr etwas zu tun haben – und mit diesem blöden, blonden Lied auch nicht!

Apropos blond: Leidenschaften kühlen ab, wenn man den Objekten seiner Leidenschaften zu nahe kommt. Manches liebt sich leichter aus der Ferne, und so strebe ich selten danach, mit Menschen, deren Leistungen ich schätze, persönlich bekannt zu werden. Die Sympathie, die ich ihren Werken entgegenbringe, soll nicht durch durch das ungehobelte, arrogante oder dümmliche Wesen ihrer Schöpfer zerstört werden. Ohnehin lassen sich Dinge oft leichter lieben als Menschen. Manchmal, in Momenten der Schwäche, gibt man vorschnell nach,

und dann hat man den Salat. Es muß um 1970 gewesen sein, als das Elektrofachgeschäft Weber in Heilbronn zur Autogrammstunde mit der ungemein beliebten Schlagersängerin Peggy March einlud. Peggy March? Ja, das war und ist diese im Laufe der Zeit immer blonder gewordene US-Sängerin, die als blutjunges Ding erst in ihrer Heimat (*I will follow him*) und dann auch hierzulande mehrere Seller landete. *Mit 17 hat man noch Träume* und *Memories of Heidelberg* heißen ihre bewegendsten Schlager – Anlaß genug für mich, Elektro-Weber, wo ich ohnehin meine Plattenkäufe tätigte, aufzusuchen. Selbstverständlich hielt ich mich im Hintergrund des gut gefüllten Ladens, und ehrlicherweise muß ich zugeben, daß Frau March keinen Eindruck auf mich machte. Kritisch, wie mein Blick damals war, schien mir das alles zu toupiert und aufgesetzt; am unangenehmsten berührte mich jedoch der Begleiter der Sängerin, ein – wenn ich es richtig erinnere – mit Koteletten und Schnauzbart ausgestatteter Mensch, der schon damals aussah, wie man sich windige Manager heute vorstellt. Die Vorstellung, daß die fragile Sängerin, die so süß von »Memories of Heidelberg« und »Memories vom Glück« wisperte, gar in eine persönliche, womöglich intime Beziehung mit diesem halbseidenen Etwas verstrickt war, behagte mir nicht. Bis heute lehne ich es, über das Privatleben von hochattraktiven Schauspielerinnen oder Sportlerinnen in allen Details informiert zu werden. Die Aura der Unnahbarkeit und Unvertrautheit ist wichtig. Peggy March konnte den verlorenen Boden bei mir nie wieder gutmachen. Wie Rudi Schuricke. Und die Stätte der Entzauberung,

das Elektrofachgeschäft Weber, hat natürlich auch längst seine Pforten geschlossen. Nur Peggy March singt noch heute.

Ungleichzeitigkeit und Gleichzeitigkeit

Ernst Blochs Buch *Erbschaft dieser Zeit*, entstanden zwischen 1924 und 1934, analysiert in Anbetracht des nahenden Faschismus den Niedergang des traditionellen Bürgertums. Seine Formel von der »Gleichzeitigkeit des Ungleichzeitigen« als Epochenbeschreibung wird bis heute in philosophischen, soziologischen und feuilletonistischen Schriften aufgegriffen, um, grob gesagt, das Phänomen zu beschreiben, daß sich ein gesellschaftlicher Zustand aus vielen heterogenen Momenten zusammensetzt, aus überkommenen und neuen Strömungen, die gleichzeitig nebeneinander existieren und miteinander konkurrieren. Wer diese Einsicht ernst nimmt, versteht auch Menschen, die merkwürdigen, dem Zeitgeist widerstreitenden Neigungen nachgehen.

Konkret: Meine neugierige Anteilnahme am deutschen Schlager der siebziger Jahre stieß bei Mitschülern auf blankes Unverständnis. Zwar hatte ich mich seit meinem Bill-Ramsey-Auftritt in gewissem Maße weiterentwickelt und begann allmählich, eine ironisch gefärbte Einstellung gegenüber dem Sujet an den Tag zu legen, doch weit, meilenweit entfernt blieb ich von jenen Zeitgenossen, die sich mit den Rock-, Jazz- oder Pop-Highlights befaßten. Anders gesagt: Mit dem eminent progressiven Standard, der damals selbst an einem süddeutschen Gymnasium herrschte, hatte ich nichts zu

19

tun; meine Adoleszenz verlief – wie ich zugeben muß – außerhalb der angesagten Geleise.

1999 legte der Musikjournalist Karl Bruckmaier, der fast mein Jahrgang ist, seine Übersicht *Soundcheck. Die 101 wichtigsten Platten der Popgeschichte* vor ... selten zuvor gab mir Gelesenes ein so starkes Gefühl verpaßter Jugend. Viele der von Bruckmaier aufgelisteten Namen sind mir völlig fremd, kaum eine der gerühmten Platten besitze ich, und unter Nummer 79, die T. Rex gnädigerweise Einlaß in Bruckmaiers Parnaß gewährt, lese ich eine Rundumvernichtung meines frühen Lebens: »Nein, T. Rex durfte man nicht mögen, wenn man ein ernsthafter junger Mann sein wollte zu Beginn der siebziger Jahre.« Wenn die Sympathie für T. Rex ausreicht, um ausgeschlossen zu werden – in Ordnung, ich habe verstanden, Herr Bruckmaier, ändern läßt sich jetzt nichts mehr.

Was mir damals blieb, war das offensive Bekenntnis zu den absonderlichen Vorlieben. Ich gewöhnte mir bald an, nicht nur meine Liebe zum TSV 1860 München (der drauf und dran war, auf immer und ewig in den Niederungen der Zweitklassigkeit zu versinken) demonstrativ zu zeigen, sondern auch mit profunden Christian-Anders- und Bernd-Clüver-Werkkenntnissen aufzuwarten. Wie ernst mir das war, wußte ich selbst wohl nicht immer genau, und so kann ich rückblickend damit leben, mich in dieser Hinsicht außerhalb des Trendigen bewegt zu haben. Ärgerlich erscheint es mir nur, wenn heute Vertreter meiner sogenannten 78er Generation es für gottgegeben halten, daß man in dieser Zeit unmöglich groß werden konnte, ohne einen anständigen Musikgeschmack zu besitzen.

Es wäre gelogen zu sagen, diese Wesensart hätte meinem Lebens- und Liebesglück gedient. Mit deutschen Schlagern war bei den Mädchen, für die ich mich zaghaft zu interessieren begann, tragischerweise kein Blumentopf zu gewinnen. Auch Versuche, mein Spektrum zu erweitern und mit Platten von Johnny Cash oder Emmylou Harris zu arbeiten, schlugen fehl – etwa an einem sicherlich strahlenden Frühlingsnachmittag, da es mir endlich gelungen war, mit Regine, einem der wenigen nachgerückten Mädchen an unserem vormals reinen Knabengymnasium, näheren Kontakt aufzunehmen. Die Wege zum Glück sind oft Umwege, und so bot eine nahende Physikarbeit Anlaß, der Verehrten und Begehrten vorzuschlagen, man könne sich doch gemeinsam die erforderlichen Kenntnisse erschließen: »Du, zu zweit begreifen wir das vielleicht ...« Die raffinierte Anbahnung gelang. Was nicht gelang, war die Anstrengung, den Nachmittag mit einer liebevoll aufgenommenen Johnny-Cash-Kassette entspannt ausklingen zu lassen. Regine blieb davon ganz und gar ungerührt, mit dem *Man in Black* oder dem *Ring of Fire* war hier nichts auszurichten (und andernorts auch nicht).

Meine Beschäftigung mit Schlagern war meist eine introvertierte. Zur Erleichterung meiner Mutter hatte ich schon im zarten Alter keine Probleme damit, mich selbst zu beschäftigen. Stundenlang erwürfelte ich Bundesligatabellen, die mit Akribie auf kariertes Papier niedergeschrieben wurden – eine absolut unschädliche Form von Selbstbeschäftigungstherapie. Nicht minder hartnäckig begann ich mit dreizehn oder vierzehn Jahren, Ordnung in die unübersichtliche Welt des

Schlagers zu bringen. Ob Radio Luxemburg, Deutschlandfunk oder Südwestfunk 3 – ich wurde zum eifrigen Hörer von Hitparaden und gab mich alsbald mit den Zufälligkeiten und Widersprüchen dieser Ranglisten nicht zufrieden. Ich erstellte Woche für Woche meine hauseigene, dreißig Plätze umfassende Hitparade, die sich zwar an den vergleichbaren, ›objektiv‹ gemessenen Beliebtheitsskalen der Sendeanstalten orientierte, jedoch bewußt subjektiv Auf- und Absteiger notierte und mit weniger geliebten Interpreten wie Nina & Mike oder Chris Roberts möglicherweise ungerecht verfuhr. Sauber, mit Schreibmaschine geschrieben, wurden diese Listen in einem Leitz-Ordner abgeheftet – mein Wunsch, eine übersichtliche Welt zu schaffen, fand seine erste anschauliche Umsetzung.

Überhaupt: Sosehr die kleinen Fernsehrevolutionen, für die Ilja Richter oder Dieter Thomas Heck standen, das Musik-Erleben prägten, so stark lebt das Medium Radio im Gedächtnis weiter. Ohne je ein eingefleischter Rundfunkhörer gewesen zu sein, hallen etliche Sendungen und Moderatoren in mir nach. Mittwoch abends beispielsweise lag ich, drei Stockwerke über der elterlichen Wohnung, zwischen zehn und elf Uhr abends im Bett und hörte das Wunschkonzert, das Südwestfunk und Süddeutscher Rundfunk im Wechsel ausstrahlten, mal getragen von der entsetzlichen Biederkeit eines Heinz Sieneicher, mal vom kecken Witz eines Fred Metzler. Beide haben sich zu meinem Erstaunen bis heute im Sender gehalten; Metzlers dezent ironische Stimme klingt wie einst, und allein deshalb sei erwähnt, daß ich ihm die boshafte Bemerkung verdanke, die französische

22

Sängerin Françoise Hardy (*Frag' den Abendwind*) sehe aus wie eine Hundehütte, »in jeder Ecke ein Knochen«. Das beeindruckte mich und spornte an, in der nächsten Ausgabe der Schülerzeitung ähnliche Schmähungen zu wagen. Ob mit Siebeneicher oder Metzler, im Dunkel meines Zimmers gab ich jedem neuen Wunschlied Gelegenheit, mich für letzte drei Minuten vom Schlaf abzuhalten. Erst wenn der Sender seine Chance, etwa mit den Egerländern, vertat, schaltete ich aus: Quotenregulierung.

Von schärferen (und dem deutschen Schlager der Zeit unversöhnlich gegenüberstehenden) Tönen gezeichnet, war die Hitparade, die das dritte Programm des Südwestfunks am Sonntagmorgen sendete. Karl-Heinz Kögel, bilde ich mir ein, habe diese damals angesagt, ein Mensch, von dem ich mir darüber hinaus einbilde, er sei verlobt oder verheiratet gewesen mit der recht unerträglichen Schweizer Sängerin Paola (ja, genau die), und dieser Kögel, wenn er es denn war, spielte Balthasars Bernd-Clüver-Parodie *Der Junge mit dem Hund von Monika*, sezierte Reinhard Meys konservativen Rundumschlag *Annabelle* und war auch sonst immer für ein bissiges Bonmot gut.

Schlager provozieren – diese Erfahrung zog ich aus meinem Radio-Querbeet-Hören. Natürlich konnte man, wie im Wunschkonzert, mühelos das *Aber dich gibts nur einmal für mich* der Nilsen Brothers oder Bully Buhlans *Ich hab' mich so an dich gewöhnt* als Botschaft einsetzen, für die geliebte Uschi aus Affaltrach oder den Kuschelbär Udo zum dritten Hochzeitstag. Doch wieviel faszinierender war es, die glattpolierte Fassade des

Schlagers anzubohren und seine eingängigen Aussagen nicht nur als Sedativum, als Opium fürs Volk abzutun. Der Schlager als unfreiwilliges Sprachrohr gesellschaftlicher und psychischer Bedürfnisse – meine Neugier für die verachtete Gattung speiste sich, auch wenn ich es nicht so formulierte, aus dieser Haltung. Sich gemein zu machen mit der dröhnenden Unerschütterlichkeit eines Dieter Thomas Heck (der, nebenbei bemerkt, ungeachtet seiner Talentlosigkeit bis heute Sendungen mit Eigengesang auffüllt), das stand außer Frage. Tina Yorks 1974 geschmettertes *Wir lassen uns das Singen nicht verbieten* erschien mir als trotziger Appell an eine dumpfe Haltung, die die Qualität von Kultur per Einschaltquote oder TED-Umfrage festlegen wollte. Dennoch: Zu jenen, die Schlager in ideologisch sattelfester Haltung als »verbrecherische Volksverdummung« (Peter Rühmkorf) oder »mieses Geflecht beschissener Texte« (Rolf Dieter Brinkmann) verdammten, wollte ich partout nicht gehören. Sich der »affirmativen« – so sagte man einst – Kultur anzunähern, mit ihr umzugehen, um sie einen Moment lang ernst zu nehmen, das ist ein Spiel von nicht geringem Reiz.

Sich den Vertretern einer Kunst distanziert via Radio oder Fernsehen zu nähern, das ist eine Sache. Eine ganz andere ist es, wenn man ohne jeden Schutz mit diesen in Berührung kommt. Der enttäuschenden Autogrammstunde mit Peggy March folgte wenige Jahre später die Teilnahme an einer leibhaftigen Radiosendung: Dank unermüdlicher Postkarteneinsendungen wurde ich ausgelost, an der allmontäglich ausgestrahlten Schlagerskala des Süddeutschen Rundfunks als »Studiogast«

teilzunehmen. Obwohl deren Zuhörerschaft an unserem Gymnasium nicht übermäßig groß war, sorgte der Auftritt für einiges Hallo – zumal die Besitzerin meines Stammkiosks »Schreibwaren Müller« eine Werbetafel eigens mit Hinweisen auf die Sendung schmückte.

Die *Schlagerskala* war eine brave Veranstaltung, die nach Eingang der ordnungsgemäß frankierten Stimmkarten eine Hitparade mit Ab- und Aufsteigern ermittelte. Einmal im Monat fand die Sendung nicht im Stuttgarter Studio, sondern vor Ort statt. Bis heute bin ich mir nicht im klaren darüber, ob es tragisch oder segensreich für mich war, daß mich mein Hauptgewinn nicht in die Sendeanstalt brachte. Statt dessen wollte es das Schlagerschicksal, daß ich zur öffentlichen Veranstaltung in eine Odenwälder Landgemeinde fahren mußte beziehungsweise durfte. Mein Bruder chauffierte mich hin, und so lernte ich den überraschend klein gewachsenen Moderator Günter Freund kennen und vor allem die Schlagersängerin Eva-Maria, die an diesem Abend als Stargast den Odenwald bereicherte. Von Glanz und Aura spürte ich wenig; eine Hitparade mit aufgelegten Platten und einer auch damals leidlich unbekannten Interpretin (übrigens wie Peggy March mit einem unsympathischen Begleiter belastet) in einer Dorfturnhalle, das erinnerte kaum an mondäne Schlagerfestivals oder Grand-Prix-Entscheidungen. Immerhin: Ich überzeugte Günter Freund davon, zwei Titel des Schnelldurchlaufs (Jerry Rix und Olivia Newton-John) ansagen zu dürfen, und als ich damit beauftragt wurde, aus den eingesandten Postkarten, die säuberlich in einem langen Karteikasten aufgereiht waren, zwanzig

Plattenpreise zu ziehen, schummelte ich kurzentschlossen und fischte einen Gewinner aus meiner Geburtsstadt heraus – erste professionelle Züge der Regionalförderung zeigten sich. Was wohl aus Eva-Maria geworden ist? Wahrscheinlich zehrt auch sie noch heute von den Stunden im Odenwald.

Unterm Strich war das alles ungleichzeitig, im Vergleich zum gleichzeitigen Geschmack, der in verhaltener Nachachtundsechziger-Stimmung selbst an unserer Schule einen Politischen Arbeitskreis hervorbrachte, auf Willy Brandt, Heinrich Böll, Klaus Staeck, Hannes Wader und Günter Netzer schwor und sich unter keinen Umständen auf den – wie sich Ende der siebziger Jahre herausstellte – Schwanengesang des Schlagers einlassen wollte. Und wie gesagt: Mit Jack White, dem gefürchteten Produzenten und Komponisten, und seinem Troß wollte ich nicht im engeren Sinne zu tun haben, doch deren Plattenausstoß gab mir Gelegenheit, dies und jenes auszuprobieren, wider den Stachel zu löcken, zum Beispiel im Religionsunterricht.

Kitsch oder Kunst?

Wer pubertiert, hat mit ungewohnten Gefühlen zu kämpfen und mit den meist desaströs scheiternden Versuchen, dieses Neuland sprachlich zu beackern. Zwar hält dieser Zustand bei vielen Menschen und vor allem Männern bis ins hohe Alter an, doch die ersten Erfahrungen mit solchen Defiziten sind besonders prekär.

Der Schlager lebt davon, mit klaren Aussagen Hilfestellung zu leisten; seine textlich leicht faßbaren Stehsatzformeln haben, wie der Volkskundler Werner Mezger es ausdrückte, »Prothesenfunktion«. Wer seine Empfindungen nicht zu verbalisieren vermag, sucht Beistand bei anderen, und der Schlager füllt diese Rolle der emotionalen Krücke perfekt aus. *Glaube mir, Schwimmen lernt man im See, Schenk' mir dein Vertrauen, Weil du ein zärtlicher Mann bist, Tanze mit mir in den Morgen* ... so zum Beispiel lauten die Wendungen des Schlagers, die komplexe (partnerschaftliche) Beziehungen auf einfache Formeln bringen – sei es als Sentenz, sei es als Imperativ. Große Schlager, die sich in die Gedächtnisschleifen der Menschen eingraben, erlangen nach und nach Zitatcharakter und taugen fürs Poesiealbum. Ihre Refrains gewinnen, wie Goethe- und Schiller-Verse, eine Eingängigkeit, nach der viele Schriftsteller zeitlebens vergeblich streben.

Richtige Literatur – so lernt man früh – zeichne sich dadurch aus, daß sie ambivalent sei, »Leerstellen« auf-

weise und permanent zu neuen Deutungen einlade, was den damit befaßten Wissenschaftlern nur recht ist. Der Schlager biete demnach – wie die Romane eines Michael Burk, einer Utta Danella oder einer Hera Lind – Triviales und entziehe sich deshalb einer ernsthaften Beschäftigung, es sei denn, reformierte Lehrpläne sehen vor, daß die Gebrauchsformen der Unterhaltungsgenres zu behandeln sind. In den siebziger Jahre, als ich meine prägenden Erfahrungen mit Literatur machte, kam es in Mode, den gymnasialen Unterricht nicht allein mit *Faust* und *Wallenstein* zu bestreiten, sondern sich – in ideologiekritischer Absicht – auch »Texten« des Alltags (aus der Waschmittelwerbung zum Beispiel) oder literarisch nicht satisfaktionsfähigen Kommerzprodukten zuzuwenden. Wer durchschaue, wie die Mechanismen der Unterhaltungs- und Vernebelungsindustrie funktionierten, so die Intention, der sei für die Zukunft gewappnet ... und für die hehre Kunst gerettet.

Dergleichen leuchtete mir ein. Indes schien es mir zweifelhaft, durch welche Verfahren es möglich sei, zwischen Kunst und Kunsthandwerk, zwischen Kunst und Kitsch zu unterscheiden. Unser progressiver Deutschlehrer, der nicht davon abließ, seine Klassen mit Benjamins *Kunstwerk im Zeitalter seiner Reproduzierbarkeit*, mit Becketts *Warten auf Godot* oder, brandaktuell, mit Handkes *Angst des Tormanns vorm Elfmeter* zu traktieren, setzte manches daran, uns mit kritischen Arbeiten der neueren Germanistik bekannt zu machen, die im Anschluß an Walther Killys Anthologie *Deutscher Kitsch* das System des ästhetisch Simplen aufzeigen. In der Praxis klappte das nicht ganz

so: In meinem auflodernden Interesse, die vermeintliche Eindeutigkeit des literarischen Urteils in Frage zu stellen, kopierte ich vier Romanausschnitte, ließ die Autoren- und Titelangaben weg und warf sie den Mitschülern nebst Deutschlehrer zum Fraße vor. »Kitsch oder Kunst?« lautete die knappe Frage, und während der Test bei Konsaliks *Arzt von Stalingrad* (dem Bücherschrank der Eltern entnommen) gut ausging, versagte das Urteil meines Lehrers bei Fontanes *Irrungen Wirrungen* vollständig. Seine scharfzüngige Stilanalyse führte zu einem Kitschverdikt, Theodor Fontane saß auf der Strafbank der Trivialität, und meine Zweifel an der Literaturkritik nahmen zu.

Wie also, lautete meine nächste Frage, sollte es leicht gelingen, dem Schlager nachzuweisen, daß es sich bei ihm um ein künstlerisch minderwertiges Produkt handele? Dem Deutschlehrer war mit Peter-Orloff- und Michael-Kunze-Texten nicht zu kommen, doch der Religionslehrer, der wie alle Religionslehrer darunter litt, daß seinem Unterricht nicht die gebührende Aufmerksamkeit geschenkt wurde, zeigte sich über meine Initiative, seine Stunden mit der Untersuchung von Schlagertexten zu beleben, sehr angetan. Objekte der von den Klassenkameraden mit gelangweiltem Amüsement aufgenommenen Religionsunterrichtseinheit »Deutscher Schlager« waren Bernd Clüvers enigmatisches Lied *Der kleine Prinz*, das einen an einem nicht näher benannten Fenster stehenden Engel namens Sehnsucht vorstellt, und der DDR-Schlager *Als sei nichts geschehn* von Frank Schöbel. Mit gespielter Ernsthaftigkeit gab ich mein Bestes, um diesen als gewichtiges Stück Literatur zu

deuten. Seine thematische Hauptlinie, ein von der Liebsten verlassener Mann, wird eingerahmt von schmerzhaft vorgetragenen Klagen darüber, daß die Außenwelt vom Leid des Ichs nicht das geringste wissen will: »Aber der Tag tut so, als sei nichts geschehn, / Und ich kann nirgendwo eine Wolke sehn. / Alles sieht bunt und fröhlich aus / Wie ein Riesenblumenstrauß …« Schöbels Jereminade steht in einer wohlbestückten Tradition der Liebes- und Naturlyrik. Diese schildert immer wieder die schroffe Kluft, die zwischen dem (scheinbar) sanften Idyll der Natur und den oftmals ganz anders gearteten Empfindungen des Betrachters liegt – eine Betrachtung, die ich damals mit Sicherheit nur unbeholfen formulierte, die jedoch meinen Religionslehrer zu einem langen Exkurs über den Zusammenhang von göttlicher Schöpfung und menschlichem Handeln inspirierte. Mit ein bißchen gutem Willen, so folgerte ich, läßt sich auch ein Frank Schöbel dazu benutzen, die apodiktischen Urteile über Kunst und Nicht-Kunst in Zweifel zu ziehen und selbst die Theodizeefrage zu erörtern.

Viele Anfeindungen gegen den Schlager rühren daher, daß er ohne Hemmungen über große Gefühle spricht und zu diskreditieren droht, was seit alters als Sache der Kunst angesehen wurde. Wie – ich kehre zur pubertären Eingangsfrage des Kapitels zurück – läßt sich die sprachliche Ohnmacht des stark fühlenden Menschen besiegen? Wie gelingt es, die tiefsten und heiligsten Empfindungen in Worte zu fassen, ohne sich in Klischees und Platitüden zu ergehen? Wer sich aus Leidenschaft oder Berufsgründen mit Literatur beschäftigt, muß

zwangsläufig dafür Sorge tragen, seine Gegenstände vom Kitsch, von der Unkunst, abzugrenzen und die Sympathie vieler Menschen für die Unkunst mit allerlei Argumenten zu erklären. Theodor W. Adorno beispielsweise wußte, wo der Feind steht: »Schlager beliefern die zwischen Betrieb und Reproduktion der Arbeitskraft Eingespannten mit Ersatz für Gefühle überhaupt, von denen ihr zeitgemäß revidiertes Ich-Ideal sagt, sie müßten sie haben.« Das ist kein schlechter Tobak: Der Schlager diktiert Gefühle, bietet nur Surrogate, weil die Arbeitsbedingungen des Kapitalismus nichts anderes zulassen. Erst der freie Mensch bedürfte dieser Einlullungen nicht mehr; er würde das Spiel der Schlagerindustrie durchschauen und ... ja, was würde er hören und lesen? Hermann Hesse zum Beispiel, dessen *Demian* wir bei jenem Religionslehrer lasen, der über Frank Schöbel und die indifferente Natur nachsann? Oder Ingeborg Bachmanns Gedichte, die böse Zungen heute dem Kunstgewerbe zuschlagen? Und wie sieht es mit Ulla Hahn, Kristiane Allert-Wybranietz oder Wolf Biermann aus?

Der Schlager geht, ohne Frage, in der Regel den leichtesten Weg. In seinen durchschnittlichen Hervorbringungen reimt er unverdrossen Herz auf Schmerz und duldet keinen Zweifel daran, daß sich Menschen das sagen können, was sie sich sagen wollen. Die hochlöbliche Wochenzeitung *Die Zeit*, die ich Mitte der Siebziger begann mit stolzgeschwellter Brust nach Hause zu tragen, schrieb damals einen Lyrikwettbewerb für Schüler aus, um zu sehen, wohin der allerjüngste literarische Trend gehe und ob nach dem Tod der

Literatur Nachwuchshoffnungen wüchsen. Ich beteiligte mich mit einem leider verschollenen Gedicht (ein Sonett, glaube ich), das von unerfüllter Liebe handelte und mit dem denkwürdigen Zweizeiler »... für dich war es nur Firlefanz, / für mich war es mein letzter Tanz« schloß. Die Eleganz dieses Paarreims und die erlesene Vokabel »Firlefanz« beeindruckten mich sehr, die *Zeit*-Redakteure weniger; sie druckten mein Gedicht nicht ab. Vielleicht hätte ich mich an eine Plattenfirma wenden sollen.

Die meisten Schlagerenthusiasten stehen den Gegenständen ihrer Bewunderung undistanziert gegenüber. Sie weinen bei traurigen Lieder, sie beklagen Rex Gildos Fenstersturz und das unglückliche Ende eines Roy Black, und sie beklatschen rhythmisch die Bumsfallera-Fröhlichkeit eines Tony Marshall oder einer Gaby Baginsky. Meine Faszination für den Schlager ist oft eine Ekelfaszination. Die unverstellte Kühnheit, die sich die Schlagertexter herausnehmen, für große Gefühle nicht mehr Zeit als für ein weichgekochtes Ei aufzuwenden, hat etwas Beeindruckendes, denn sie konterkariert all jene Bemühungen, die meinen, das Komplizierte sei gerechterweise auch nur kompliziert zu beschreiben. Der Schlager beleidigt, und wer dauerhaft beleidigt wird, kann irgendwann nicht anders, als sich den Ursachen der Beleidigungen hinzugeben. Wir sehen *Verbotene Liebe*, *Forsthaus Falkenau* oder *Lindenstraße*, wohl wissend, daß wir uns ästhetisch und bewußtseinsmäßig weit unter unserem Niveau bewegen, und wir stopfen wie Süchtige Kartoffelchips in uns hinein, obschon uns nicht unbekannt ist, daß unseren Körpern

damit auf unwürdig ungesunde Weise Kalorien zuge-
führt werden. Der Mensch ist manchmal schwach. Und
es gibt Menschen – Schlagerproduzenten zum Beispiel –,
die diese Schwächen ausnutzen.

Grand-Prix-Abende

Zu den schwachen Momenten meines Lebens zählen bis heute jene Frühjahrsabende, an denen sich alljährlich die Länder der (europäischen) Erde aufmachen, beim Grand Prix Eurovision de la Chanson ihr Lied des Jahres zu küren. Lange bevor es »Kult« wurde, den Grand-Prix-Abend in geselliger Runde bei Pfirsichbowle, Erdnußflips und Petits fours zu zelebrieren, harrte ich vor dem Bildschirm aus, um mir – wie es die Kulturwissenschaftlerin Franziska Roller grollend formulierte – diese »europaweite Ansammlung billig produzierter Schnulzen« anzutun. In den neunziger Jahren wurde der Grand Prix vor allem in schwulen Kreisen als Chance entdeckt, Unsinn zu feiern, und es entstanden Gegenveranstaltungen, die sich als »Wahrer Grand Prix« anpriesen. 1998 änderte sich die Wahrnehmung des Spektakels endgültig, kamen Urbild und Persiflage für einen Moment zusammen. 1998 war das Jahr, als meine Mutter sich ernsthaft gegen den Grand Prix auflehnte.

Silver Convention, die Les Humphries Singers oder die Münchner Freiheit, das alles hatte sie klaglos ertragen, doch jetzt war Schluß: »Daß dieser schwabbelige Kerl für Deutschland singt, das geht zu weit. Was sollen denn die Franzosen und Engländer von uns denken?« Der Widerstand meiner Mutter, daran ist sie durchaus gewöhnt, fruchtete nicht: Im Mai 1998 ertönte die Eurovisionsfanfare aus Birmingham, und nach über

vierzig Jahren trat der Grand Prix, zumindest aus deutscher Sicht, in eine neue Ära. Denn zum erstenmal schickte sich mit Guildo Horns *Piep, piep, ich hab' Euch lieb* eine Parodie an, in einer nicht parodistisch gemeinten Veranstaltung mitzumischen. Veteranen des Geschäfts wie Ralph Siegel verzweifelten darob; die Altstars spürten, daß der Verballhornungsstrategie des Nußeckenliebhabers Horn schwer beizukommen war, trieb sie doch mit ihrer lauthals vorgetragenen Sehnsucht nach Liebe und Harmonie subversiv auf die Spitze, was das Genre seit Jahrzehnten als Ernst verkaufte.

Der Grand Prix ist für Horn – und wer möchte ihm da widersprechen? – ein »Wunder, das uns schon seit der Kindheit fasziniert, wie Osterhase und Nikolaus«, und sein Auftritt als offizieller Repräsentant des verunsicherten Deutschlands befreite den in den neunziger Jahren vor sich hin dümpelnden Schlagermarathon aus seiner Lethargie. Ich erinnere mich gut an die demütigenden Augenblicke, die es in den Jahren zuvor zu durchleiden galt: 1995 landete die Formation Stone & Stone auf dem allerletzten Platz. 1996 belegten die bösen Veranstalter Leons Lied *Blauer Planet* gar mit Startverbot, und ein Jahr darauf strampelte sich Bianca Shomburg, ein kompliziert frisierter Céline-Dion-Verschnitt aus Herford-Hiddinghausen, mit dem heideggerisierenden Beitrag *Zeit* auf einen maßlos enttäuschenden 18. Platz. Das alles war Trash, der freilich nicht als Trash verstanden werden wollte, und so zeugte es von großer Konsequenz, daß Guildo Horn nebst seiner Band Die Orthopädischen Strümpfe und Stefan

Raab alias Alf Igel, der Text und Musik ersann, dem European Song Contest gaben, was er immer schon lieferte: Trash.

In den siebziger Jahren übte der Grand Prix einen immens identifikatorischen Einfluß aus. Damals, als Fernsehshows wie *Wünsch dir was* Familien ein letztes Mal am Samstagabend zusammenschweißten, bot der Grand Prix den kleinsten gemeinsamen Nenner, um über Musikalisches en famille zu debattieren. Wer möchte im verklärten Rückblick jene endlosen Stunden der Live-Übertragung missen, als Mutter Salzbrezelchen reichte, als Vater resigniert Darbietungen kommentierte, die *Ding-A-Dong, La, la, la* oder *Boom-A-Bang* hießen, als wir streng geheim Stimmzettel ausfüllten und trotz wachsender Müdigkeit versuchten, bis zur Verkündung des Endergebnisses auszuharren? Niemand, denn der Grand Prix gehört ins Reich der unverwüstlichen alltagskulturellen Phänomene, deren Faszination von unscheinbaren Erinnerungspartikeln herrührt, die für sich genommen ohne Belang sind, doch zusammen mit der Patina des Verflossenen komischen, ja anrührenden Reiz entfalten. Guildo Horn hat recht: Die ewige, genau vorhersehbare Wiederkehr des Grand Prix gibt Verläßlichkeit, wie sie die großen Feiertage des Jahres ausstrahlen. Fasching, Ostern, Bundesligastart, Oktoberfest, Beaujolais primeur, Weihnachten, Silvester ... der von der Erfahrung sich beschleunigender Zeit heimgesuchte obdachlose Mensch der Moderne erkennt im Vertrauten, im sich mit Gewißheit Wiederholenden eine Stütze seines Lebens. Connaisseure des Grand Prix werden beispielsweise das ausgesprochen mühsame

36

Procedere der Entscheidungsfindung auf keinen Fall vergessen: wenn Moderatorinnen wie Helga Guitton oder Marlène Charell tapfer gegen die Hürden der Fremdsprache angingen, mit gequälter Miene Komplimente ältlicher Juryvorsitzender aus Reykjavik oder Bern in Empfang nahmen, verzweifelt allen technischen Pannen trotzten und hartnäckig versuchten, die geradebrechten »votes« aus Zypern oder Finnland zu erhaschen. Oder wenn der schleppende Verlauf der Veranstaltung seinen angemessenen Background erhielt von konditionsstarken TV-Kommentatoren wie dem unvergleichlichen *Tagesschau*-Sprecher Werner Veigel, der mit stoischer Souveränität dem schwachsinnigsten Text eine deutsche Kurzübersetzung abrang und allein mit feingesponnener Ironie die Bedeutsamkeit des Vorgetragenen in Zweifel zog.

Der Grand Prix hat, seit Lys Assia 1956 den ersten Wettbewerb gewann, immer wieder Stücke hervorgebracht, die die Pop- und Schlagergeschichte prägten: ABBAs Siegerlied *Waterloo* (1974) natürlich, *Beg, steal or borrow* (1972) der New Seekers, das putzige *Puppet on a String* (1967) der – welch Skandal! – ohne Strümpf' und Schuh' auftretenden Sandie Shaw, France Galls *Poupée de cire, poupée de son* (1965) oder Céline Dions Weltkarrierestart *Ne partez pas sans moi* (1988). Wer immer den Grand Prix über die Jahre verfolgte, hat seine ganz persönlichen Favoriten – Alice & Franco Battiato zum Beispiel mit *I treni di Tozeur* (1984), Dana, die fragile Irin, die 1970 mit dem Säuselsong *All Kinds of Everything* gewann, oder Romuald, der im ABBA-Jahr Monaco vertrat und mit typisch frankophon ver-

härmtem Chanson-Gesicht das erhebend traurige (und am Ende mäßig plazierte) Trennungslied *Celui qui reste et celui qui s'en va* zum besten gab. Daß dieses nicht eigentlich bedeutende Lied in der zweiten Zeile des Refrains mit »celui qui part et celui qui n'ose pas« fortfährt, wird außer mir keiner mehr parat haben, doch liegt in solcher Anhäufung unnützen Wissens nicht eines der unergründlichen Geheimnisse der Schlager- und Grand-Prix-Faszination?

Aus deutscher Sicht stellt sich der Wettbewerb als Leidensgeschichte mit Lichtblicken dar. An Medaillenrängen schrammte man anfangs stets vorbei, obwohl nationale Größen wie Freddy, Conny Froboess oder Lale Andersen aufliefen. Aufwärts ging es erst, als Willy Brandt die Regierungsgeschäfte übernahm und Katja Ebstein (*Wunder gibt es immer wieder; Diese Welt*) und Mary Roos (*Nur die Liebe läßt uns leben*) in den Jahren 1970 bis 1972 gleich dreimal hintereinander Bronze einheimsten, 1980 und 1981 folgten gar zwei zweite Plätze, doch es bedurfte der Kanzlerschaft Helmut Kohls, um dem Ausland zu zeigen, daß die Zeit reif für einen deutschen Sieg war. Aparterweise gelang dies 1982 mit einem Liedchen, das die Anti-Nachrüstungs-Bewegung auch für den letzten Hinterwäldler verständlich machte und, vorgetragen von der keimfreien Jungsaarländerin Nicole, *Ein bißchen Frieden* forderte: »Ich bin nur ein Mädchen, das sagt, was es fühlt«. Dem konnte selbst das waffenklirrende Europa nicht widersprechen, und so gelang Komponist Siegel und Texter Meinunger Deutschlands erster und bis heute einziger Platz eins.

Nicoles Triumph konnte nicht verhindern, daß der Grand Prix in den Achtzigern aus deutscher Sicht ein tiefes Tal der Tränen durchschritt. (Und ich bilde mir heute ein, dies hatte damit zu tun, daß ich in diesen Jahren, abgelenkt durch geisteswissenschaftliche Studien und private Verpflichtungen, nicht konstant vor dem Fernsehapparat saß, wenn im späten Frühling die Grand-Prix-Glocken erklangen.) Bekannte Interpreten scheuten die Blamage einer möglichen Niederlage, und so stückelte man Instantgruppen wie Wind oder Mekado zusammen, die trotz respektabler Plazierungen längst und zu Recht im Morast der Vergessenheit versunken sind.

Der Grand Prix trägt dazu bei, jungen Zusehern das rätselhafte Wesen anderer Länder und Völker nahezubringen. Nehmen wir Österreich zum Beispiel: Die Geschichte des Grand Prix Eurovision ist auch die Geschichte zweier sich erbittert bekämpfender Nachbarn, die ihre eigene Dürftigkeit dadurch leichter ertrugen, daß sie sich gegenseitig verhöhnten. Allem Geld zum Trotz, das Touristen aus Hanau oder Bochum seit Jahrzehnten nach Tirol oder Kärnten tragen, straften die österreichischen Juroren die deutschen Gesangsbeiträge stets mit Häme und Härte ab. »Germany, one point«, das wenigstens aus Wien zu hören zählte eher zu den Überraschungen der letzten Jahrzehnte. Selbst mein Vater, der uns als alter Bergsteiger alljährlich dazu nötigte, den Jahresurlaub in Tannheim oder Leogang zu verbringen, kam ins Grübeln darüber, ob er sein sauer verdientes Geld weiterhin diesen undankbaren Österreichern in den Rachen werfen sollte. Es hat, im histori-

schen Rückblick, etwas Tröstliches, daß auch den Österreichern nur ein einziger Sieg – mit Udo Jürgens' *Merci, chérie* – gelang ... und das vor über dreißig Jahren. 1991 glückte ihrem Vortragsvirtuosen Thomas Forstner mit *Venedig im Regen* gar das seltene Kunststück, sich ohne einen einzigen Punkt den letzten Platz zu sichern – völlig zu Recht, wie mancher deutsche Betrachter schadenfroh konstatierte.

Ungeachtet der Animositäten, die Deutsche und Österreicher seit Königgrätz und Cordoba hegen und pflegen, dient der Grand Prix ohne Frage der Völkerverständigung. Zwar bleibt es oftmals unklar, was Griechen und Finnen uns in ihrer fremd anmutenden Landessprache sagen möchten, doch immerhin werden wir so daran gewöhnt, daß anderswo ganz anders gesprochen wird, und diese Beobachtung schärft die Toleranz. Kommunisten durften am Grand Prix erst teilnehmen, als sie keine mehr waren, wohingegen Israel dank eines weit gefaßten Europabegriffs früh einbezogen wurde und immer viele Sympathiepunkte erntete. Weil es der Grand Prix so trefflich versteht, einen Abend lang portugiesische Fischer, schwedische Elchzüchter und griechische Sirtakitänzer zu vereinen, versuchen viele Länder, ihre Beiträge völkerverständigend auszurichten. Deutschland tat sich dabei stets hervor: Ulla Wiesner fragte *Paradies, wo bist du?*, Wencke Myhre besang das *Hoch der Liebe*, Hoffmann & Hoffmann mahnten zur Rücksicht, Mary Roos emanzipatorisch zum *Aufrecht gehn* und Chris Kempers & Daniel Kovac (was die wohl heute machen?) forderten auf, *Frei zu leben*. Den Höhepunkt der Völkerverständigung markierte Joy Fleming,

die sich 1975 mit *Ein Lied kann eine Brücke sein* (»... und jeder Ton ist wie ein Stein«) aufs Schlagerterrain verirrte und ihre Versöhnungsbotschaft ins Herz des zerstrittenen Europas schmetterte. Die anderen aber verstanden uns mal wieder nicht: 15 Punkte, drittletzter Platz, setzen, Fleming.

Von dieser Motivkette des Edlen führt ein direkter Weg zu Guildo Horns *Piep*-Lied und seiner allumfassenden Menschlichkeit. Sein Bekenntnis »Guildo hat euch lieb« setzt auf ein zusammenwachsendes Europa, das auch Malteser, Kroaten und möglicherweise Österreicher einschließt. Es steht unverkennbar in der Tradition deutscher Grand-Prix-Beschickungen, indem es an das Gute von gestern erinnert und dazu mahnt, es zum Besseren von morgen zu machen: »In meiner kleinen Welt, / in der der eine zum anderen hält / und in der deine Tränen nicht lügen, / lernen Träume fliegen. / Da wär' ich so gern / wär den Sternen nicht mehr allzu fern. / Und von dort schick' ich euch / meinen Liebesbeweis: / Nußecken und Himbeereis.« Subtil auf Glanzlichter der Schlagerhistorie anspielend (auf *Tränen lügen nicht* von Michael Holm und *Himbeereis zum Frühstück* von Hoffmann & Hoffmann), appelliert Horn eindringlich für mehr Humanität, eine Aufforderung, die aus dem Munde eines an Schönheit Zukurzgekommenen besonders authentisch klingt.

Guildo Horns überraschend gut bewerteter Auftritt von Birmingham – läutete er das Sterbeglöcklein der Gattung? Die parodistische Übertreibung des Schlagers überforderte eine Nation, die nicht recht wußte, was mit diesem unheimlichen Mann aus Trier anzufangen war.

Die von seinen Fans entfachte und von den Medien dankbar aufgegriffene Hysterie währte nur einen Sommer. Sie reichte nicht einmal aus, um das Phänomen Horn für den Ende 1999 herausgekommenen Kinofilm *Waschen, schneiden, legen* am Leben zu halten. Konsequenterweise fiel das Grand-Prix-Publikum schon 1999 in seine vertraute Gewohnheit zurück, ja votierte im deutschen Vorentscheid für ein ausgesprochenes Anti-Horn-Lied, für das gutgemeinte *Hört den Kindern einfach zu* der blinden Sängerin Corinna May aus Bremen. (Daß diese wegen eines Reglementverstoßes dann nicht auf europäischer Bühne antreten durfte, steht auf einem anderen Blatt.) Ein Jahr später schlug das Pendel wieder anders aus: Stefan Raab – gar nichts für meine Mutter.

Es bleibt zu hoffen, daß Guildo Horn sein Geld gut angelegt hat. Sein großes Verdienst ist es allemal, uns einen Grand-Prix-Abend beschert zu haben, an den wir uns noch in zwanzig Jahren mühelos erinnern werden. Ich verbrachte ihn im kleinen Leipziger Kreis und hatte liebevoll meinen seit Klassenparty-Zeiten bewährten Nudelsalat (mit Fleischwurst und grünen Erbsen) zubereitet. Dazu gab es Erdbeerbowle, Dosenwürstschen und Käsehäppchen, die mit kleinen Länderfähnchen bestückt waren – zweifelsohne ein Buffet, das dem europäischen Gedanken Rechnung trug.

Christian Anders und Willy Brandt

Erörterungen zum Schlager lassen sich am einfachsten rechtfertigen, wenn man ihn aus sozialgeschichtlicher Perspektive betrachtet. Mit einem Kulturatlas in der Hand, der die markantesten Ereignisse und Strömungen der letzten fünfzig Jahre auflistet, läßt sich der Schlager mühelos als ›Ausdruck seiner Zeit‹ hören und lesen. Warum auch sollte mit ihm nicht möglich sein, was auf anderem Terrain gang und gäbe ist? Längst haben wir uns daran gewöhnt, Werbemotive für Bauknecht-Waschmaschinen oder Jacobs-Kaffee als Symbole soziokultureller Befindlichkeiten zu deuten. Es ist uns auch nicht mehr fremd, daß Fernsehserien wie *Firma Hesselbach* oder *Diese Drombuschs* vielleicht mehr über die Mentalität eines Volkes verraten als kiloschwere Grass-Romane. Und daß ein Fußballtrainer wie Sepp Herberger Adenauer-Züge trägt, während Günter Netzer eher an Rudi Dutschke und Woodstock gemahnt, daran haben wir uns gleichfalls längst gewöhnt.

Publikationen zu unserem Thema tragen Untertitel wie »Deutsche Schlager und Politik in ihrer Zeit« und bemühen sich redlich, (bundes)deutsche Nachkriegsgeschichte und deren Gefühlslagen in Schlagertexten aufzuspüren. Die Chronologie ist rasch hergestellt: Nach dem Krieg, als die gebeutelten Deutschen vom Wirtschaftswunder noch nichts wußten, träumten sie von Sonne und Licht in Regionen, die, mangels Geld und Auto, unerreichbar für sie waren. So ließen sie sich ent-

führen zu den *Capri-Fischern*, hörten dem *Calypso Italiana* zu, deklamierten *O mia bella Napoli*, sahen versonnen hinauf zum *Weißen Mond von Maratonga*, stachen mit Freddy Quinn ständig irgendwohin in See, wo Jimmy Makulis' Gitarren leise klangen. Als es den Deutschen besser ging und die ersten Gastarbeiter – darunter singende wie Rita Pavone, Graham Bonney oder Vittorio – ins Land kamen, verflogen allmählich die Träume, zumal man mit eigenen Augen sah, daß es am Germanengrill der schönen Adria auch oft überteuerte Pizza und mäßigen Wein gab. Die Schlager zogen also weiter in die Welt hinaus und taten so, als sei der Wilde Westen das neue Sehnsuchtsgebiet. Von ferne an Countrymusic erinnernde Kompositionen erzählten von Texas, von El Paso, Laramie, Bonanza und von Pferdehalftern, die ermattet an Scheunenwänden hängen.

Fast gleichzeitig geriet der adrette Schlager, wie die ganze Gesellschaft, in große Gefahr, denn Amerika, wo das Böse für manchen bis heute herkommt, überschwemmte uns mit turbulenten Rock'n'Roll-Darbietungen, die auf die treuen Verehrer von Margot Eskens oder Lolita obszön wirkten. Und zu laut sangen diese ausländischen Sänger meist auch. Die Schlagerindustrie reagierte rasch und geschickt; sie zivilisierte diese unzivilisierte Musik für den Nierentisch und formte biedere Männer wie Ted Herold, Rex Gildo und Peter Kraus zu handzahmen Rock'n'Rollern (abgesehen vielleicht von Drafi Deutscher, der mit *Shake hands* und *Marmor, Stein und Eisen bricht* aus dem Rahmen fiel).

Die Gefahr war abgewendet, und der Schlager konnte

sich, jetzt meist ohne touristisches Dekorum, wieder den Urthemen der Liebe widmen.

Die morsche Zeit der Adenauer-Agonie und des kalten Kanzlers Kiesinger eröffnete herrliche Rückzüge aufs Innenleben und brachte Schlager hervor, die in den Klassikerhimmel aufstiegen: Roy Blacks *Ganz in Weiß*, Peggy Marchs *Mit siebzehn hat man noch Träume*, Manuelas *Schuld war nur der Bossa Nova* oder Minas *Heißer Sand*. Und dann, als endlich alles Morsche in sich zusammenfiel und mit Willy Brandt drei, vier Jahre lang die Hoffnung keimte, aus Deutschland ließe sich ein sozialliberales Land machen, mußte sich der Kanon der Schlagerthemen wohl oder übel öffnen. Die einen mühten sich, plötzlich ihr soziales Herz hervorzukehren, und besangen, wie Peter Alexander in *Hier ist ein Mensch*, die verschüttete Tugend der Nächstenliebe. Die anderen wandten sich schonungslos Themen zu, die man im Liedgut nie erwartet hätte. Unkonventionalität (*Barfuß im Regen*; *Ein Bett im Kornfeld*), Drogentod (*Am Tag, als Conny Kramer starb*), Umweltzerstörung (*Diese Welt*), Ostannäherung (*Theo, wir fahrn nach Lodz*), Orgasmusprobleme (*Oh, wann kommst du?*) und Problemlösung (*Dann kamst du*), Unterdrückung der Werktätigen (*Hey, Boß, ich brauch' mehr Geld*) – nichts gab es, so der Eindruck, was nicht schlagertauglich gewesen wäre.

Mit Willy Brandt ging das, wir wissen es, nicht lange gut, und so sah sich der Schlager bald von ausländischen Erzeugnissen an die Wand und aus den Hitparaden gedrängt. Noch einmal Anfang der Achtziger gelang es ihm, dank Nicole und Nena, Anschluß ans

gesellschaftliche Umfeld zu gewinnen. Mit Helmut Kohls Kanzlerschaft kam dann die Postmoderne und mit der die allgemeine Konfusion. Die ungehobelten Vertreter der Neuen Deutschen Welle rüttelten an den Grundfesten des Schlagers, und was sich in der Gesellschaft abspielte, spiegelte sich kaum in den Charts. Von Ausnahmen abgesehen wie Herbert Grönemeyers *Männer*, das die Neosensibiltät des durch die Frauenbewegung erschütterten starken Geschlechts auf herzzerreißende Weise einfing.

So kann man also an den Schlager herangehen, und so lassen sich aufschlußreiche zeit- und sozialgeschichtliche Beobachtungen machen. Reizvoller erscheint es mir, die Ikonen dieses Geschäfts und ihre Hits gegen den Strich zu bürsten und sie zu dem zu machen, was sie auf den ersten Blick nicht sind. Christian Anders ist so ein famoses Beispiel, ein Exot der Branche, der – im nachhinein betrachtet und wenn man nur genau genug hinsieht – als Exponent der Willy-Brandt-Ära erscheint. Wie das?

Zum festen, wenn auch nicht gerade quotensteigernden Repertoire der öffentlich-rechtlichen wie privaten TV-Kanäle gehörten in den neunziger Jahren Revivalsendungen, die den tatsächlichen oder herbeigeredeten Schlagerboom ausnutzten. Da standen sie dann wieder vor der Kamera, einen Abend lang, Mary Roos, Chris Andrews, Cindy (mit und ohne), Chris Roberts, Erik Silvester – einige erstaunlich frisch erhalten, das Gewicht konstant und das Lächeln schockgefrostet im Gesicht. Frauen zwischen vierzig und fünfzig erkannten, was die nostalgiereichen Playbackorgien ihnen liefern

sollten: die Illusion ewiger Aprilfrische, die Rückkehr zum unveränderten Damals, als beim Anblick von Jürgen Marcus oder Ricky Shayne das Blut in Wallung geriet. Und auch Männer mit Bauchansatz oder -vollendung wußten wieder, wie es war, als man sie für gutaussehend hielt. Tempi passati oder: It's all over now, baby blue.

Inmitten der arretierten Heiterkeit dieser Oldiesabende tauchte plötzlich er auf: Christian Anders. Im weißen Anzug, den Hals eingeschnürt, vergreist, als sei Winnetous Stammesältester für immer vom Weg nach Bad Segeberg abgekommen, irgendwie chinesisch, deplaziert auf dieser Bühne der künstlichen Jugendlichkeit. Und die Haare: schulterlang, keine Spur mehr von der adretten Fönfrisur, Falten überall, so, wie viele Menschen eben aussehen, die auf die Fünfzig zugehen und keine kosmetischen Retuschen dulden (oder bezahlen können). Christian Anders? Nicht einmal das mehr: Lanoo hieß der theosophisch angehauchte Zögling nun, in Kalifornien verkünde er, hieß es, seine Heilslehren, von deren Inhalten seine wirre Rede kaum etwas erahnen ließ.

Christian Anders, 1946 im steirischen Bruck an der Mur als Antonio Schinzel geboren, war einer der erfolgreichsten deutschen Schlagersänger – just, als Willy Brandt die Bundesrepublik regierte. Er ist mein Favorit schlechthin geblieben, weil er die Ekelfaszination für den Schlager wie kein zweiter hervorruft. Anders' große Hits fallen genau in die fünf Jahre Brandtscher Kanzlerschaft: 1969 der erste Erfolg mit *Geh nicht vorbei*, 1974 der letzte mit *Einsamkeit hat viele Namen* – allein die Titel lassen sich als Symbole des soziallibera-

47

len Auf- und Abstiegs deuten. Christian Anders stilisierte sich als Außenseiterfigur in der Hitparadenstromlinie und wurde logischerweise mit der Silbernen Distel dekoriert. Er war die dunkle Seite des studentischen Aufbegehrens, mahnte an, es mit dem Frohsinn des sozialliberalen Aufbruchs nicht zu übertreiben. An kaum ein Lächeln von ihm erinnern wir uns, ein Egon Coordes oder Manfred Kanther in jungen Jahren gewissermaßen. In plumper Fraternisierung mit der neuen Bonner Regierung sangen andere um 1970 Lieder wie *Junge, die Welt ist schön*, *Komm, gib mir deine Hand* oder *Und wenn ein neuer Tag erwacht*. Morgenröte, wohin das Auge blickte, der Muff der Talare verzog sich, der Schlager versuchte eilfertig zeitgemäß zu sein.

Nichts davon bei Christian Anders. Joachim Relin und Fred Jay schrieben ihm Texte auf den durchtrainierten Leib, die sich dem Positiven beharrlich versagten. *Geh nicht vorbei* wird zum Durchbruch, ein für Radioverhältnisse viel zu langer Sechs-Minuten-Appell. Zwar finden sich auch darin leise Utopieverweise (»Und die Welt, sie wird schön«), doch im Rhythmus des Slow-Rocks schwappt die bündige Botschaft des Christian Anders hin und her: Menschen verlassen einander, die Welt ist unerklärlich trist, doch wahrscheinlich war sie das auch schon, als die Menschen einander noch nicht verließen.

Der erste Erfolg resümierte diese Kernsätze, und weil das Ganze nicht wie üblich nach drei Minuten an ein Ende kam, permanent neu ansetzte, drang die Verzweiflung um so stärker in die Gehörgänge. Tony Marshall, das war die schenkelklopfende Seite des ewi-

gen Laßt-uns-den-Alltag-Vergessen. Christian Anders hingegen stand für den Abgrund, für die blöde Trauer der Verlassenen. Wie es sich für ein melancholisches Gemüt gehört, weiß es nicht genau zu sagen, wodurch es in seine mißliche Lage geriet. Klar ist sie, daß sie weg ist, die Frau, die Liebe. »Warum brach sie entzwei?« dröhnt als quälende Frage durch den Raum, während eine Stimme ihn unablässig quert – diese Stimme mit dem unverwechselbaren Schwanken, mit dem Zittern, das sekündlich in ein Weinen umzuschlagen droht. Das Motiv der Bewegung bei Christian Anders, damit ließe sich eine kulturwissenschaftliche Magisterarbeit bestreiten, eine, die deutlich machte, wie im Andersschen Werk die Dialektik der Aufklärung zum Tragen kommt, vor der die frohgemut aufbrechenden Brandts, Epplers und Heinemanns als Boten des Niedergangs erscheinen.

Hören wir hinein: »Geh nicht vorbei, als wär nichts geschehn«, »Geh mit mir«, »Geh nicht fort, fort von mir«, »Geh, wenn du willst«. Die Handlung, die dem zugrunde liegt, ist, wie gesagt, übersichtlich: Frauen, meist namenlos oder Maria und Judy genannt, gehen, weg oder vorbei; der verlassene Mann, der nicht frei von Schuld ist (»Das mit der andern, das ist vorbei«), räsoniert düster über das Vergangene, will das Gute von gestern zurückholen. Das dürre Gerüst vermag nicht zu verbergen, daß es nicht um die konkrete Geschichte, die konkrete Frau geht – hier feiert einer seine Trauer, wiewohl er sie deklamatorisch zu überwinden trachtet. Am Ende steht das Nichts: »Die Tage gehn sinnlos dahin«, »Die grauen Tage vergehn ohne Sinn«.

Der erfolgreiche Christian Anders, das war immer der grauverhangene Christian Anders. Verließ er diese Schiene, blieben die Käufer fern. So unternahm er 1971 den Versuch, Chris Roberts' Strickmuster des durch nichts zu erschütternden Strahlens zu imitieren: *Das schönste Mädchen, das es gibt* (»... ist das Mädchen, das man liebt«) verriet moralische Integrität, doch Versatzstücke aus dem Besinnungsaufsatz wie »Denn was schön ist, bestimmt das Herz allein« nahm man dem trotzigen Österreicher nicht ab. Der Ruhm bröckelte endgültig, als Anders 1975 begann, seine Texte selbst zu schreiben und sich dabei paradoxerweise von sich selbst entfernte. Im Lied *Wenn die Liebe dich vergißt* schallt es plötzlich: »Die Straße der Sehnsucht ist endlos und weit, schau nach vorn und nie mehr zurück«. Dieses Pathos der zukunftsorientierten Aufmunterung, das wollten die wenigsten von ihm hören – zumal mittlerweile Helmut Schmidt regierte und alles zusehends schwieriger wurde.

Anders' Markenzeichen bestand darin, den stereotypen Bildern des Schlagers zu entsagen. Natürlich tummeln sich auch in seinem Repertoire die immergleichen Metaphern von Licht, Sonne (»Als ich dich fand, ging die Sonne auf«) und Jahreszeitenwechsel. Ein Lied wie *6 Uhr früh in den Straßen* zeigt indes, was für andere Saiten hier angeschlagen werden. Gängigerweise gilt die Morgenstund' dem Schlagertexter als goldige Tageszeit. *Und immer wieder geht die Sonne auf*, klang es bei Udo Jürgens, und Gitte, die nette Dänin, besang den *Jungen Tag*, der alles richten möge. Christian Anders hingegen läßt seinen – mal wieder verlassenen – Liebenden durch

die Unwirtlichkeit der frühmorgendlichen Großstadt irren. Ein Tag beginnt auch hier: mit einem Auftakt zum Sich-wieder-ins-Bett-Legen.

Zwei Texte vor allem, wieder von Fred Jay, sicherten Christian Anders einen Platz in meinem Poesiealbum der Siebziger, zwei Refrains brachten ihn in Sprichwortnähe: *Es fährt ein Zug nach nirgendwo* (1972) und *Einsamkeit hat viele Namen* (1974). Ich kann der Versuchung nicht widerstehen, beide Schlager auf die Politik jener Tage zu beziehen. Die Einsamkeit, die viele Namen trägt, ist sie nicht die Einsamkeit des Willy Brandt, der – was der Schlager natürlich zu verhüllen hat – von einem sehr konkreten Namen, Günter Guillaume, in die Einsamkeit der Nicht-Kanzlerschaft gestoßen wurde? »Einsamkeit hat viele Namen, doch einen nur für dich allein«, unverkennbar legt der Schlager, verkleidet als tragisches Liebeslied, den Finger in die Wunde des Kanzlerabgangs. Deprimierender kann das Bild des von seinen Vertrauten verlassenen Hoffnungsträgers kaum aussehen.

Und wer denkt, beim Hören von Christian Anders' *Es fährt ein Zug nach nirgendwo* nicht an Rainer Candidus Barzel und sein kläglich gescheitertes Mißtrauensvotum von 1972? Der Zug ohne Ziel, »mit mir allein als Passagier« – man sieht den einsamen Kandidaten Barzel durch die kalten Hallen des Bundestags irren. Die Bilder des Fahrens sind trefflich aufgegriffen, ein Zug rast ohne Halt durch das Dunkel der Welt: »Es fährt ein Zug nach nirgendwo, und niemand stellt von Grün auf Rot das Licht«. Man denkt an Filmszenen: die rasende Schußfahrt ins Nichts, die zurückbleibenden verzweifelten

Menschen (hier: die CDU-Bundestagsabgeordneten, die sich schon auf der Ministerbank sahen), die keine Möglichkeit mehr haben, eine Weiche umzulegen. Kernkraft, Club of Rome, Ölkrise – welcher deutsche Dichter hat vorausblickend Bilder erdacht, die dem Andersschen Zug ins Nirgendwo gleichkämen? Bölls *Gruppenbild mit Dame*, Handkes *Wunschloses Unglück*, Karin Strucks *Klassenliebe*, Grassens *Tagebuch einer Schnecke* – so hießen die mehr oder minder vergessenen E-Kultur-Highlights jener Tage. Alles nichts gegen den Zug nach nirgendwo.

Es fährt ein Zug nach nirgendwo und *Einsamkeit hat viele Namen* – das sind die Essentials dieser Jahre, die unterschwellige Bewußtseinsgeschichte einer scheinbaren Aufbruchszeit, die, wie Christian Anders erkannte, den Keim des Verderbens in sich trug – wie jede Zeit, mögen Geschichtspessimisten sagen. In Schlagerhandbüchern findet sich dieses Moment kaum; statt dessen zitiert man begierig ein 1973 entstandenes Lied, mit dem Anders die privaten Revolutionen in den Schlager getragen habe: *In den Augen der andern* (»... gehörst du nicht mir, denn wir zwei sind zusammen ohne Ring und Papier«). Sicher, das ist brav getextet und scheint freier Liebe und wilder Ehe das Wort zu reden. Allein, das Verb »gehören« macht stutzig: Der Macho hat Kreide gefressen. »So viele haben Küsse bei heißer Musik mit Liebe verwechselt«, lullt uns das Lied ein; häufiger Partnerwechsel, das sei den »Augen der andern« dann doch nicht zugemutet. Die vermeintliche Aufforderung zum Tabubruch – bloß eine Schwimmübung im Strom des Zeitgeistes.

52

Was für Christian Anders danach kam, war absonderlich. Seine vielseitigen Talente, wie er das nennen würde, ließen ihn erotische Drogen- und Karatefilme drehen (*Die Todesgöttin des Liebescamps*; *Die Brut des Bösen*), Musicals verfassen, Sinfonien komponieren, mit, nach Selbstaussage, über 2000 Frauen schlafen und letztlich, jetzt durchaus konform zu den Entwicklungen der achtziger Jahre, den Pfad zur Spiritualität von Prävedischer Lehre und protoplasmischer Energie einschlagen. Während seine Hitparadenkompagnons aus alten Tagen, die »Zeiger der Uhr« (Margot Eskens) zurückdrehen wollten, suchte Anders stets nach dem Nirgendwo, das er im esoterischen Oben oder im fernen Amerika zu finden hoffte.

Ach ja, Romane ersann Anders auch. Sie hießen *Der Freigänger. Eine Liebe zwischen Freiheit und Strafvollzug* (1977), *Karatemeister Steve Tender. Odyssee der Rache* (1977) oder *Der Brief* (1976), und sie sind gnadenlos schlecht geschrieben und gespickt mit unfreiwilliger Komik. Auffällig ist, daß die epischen Arbeiten Anders', anders als sein Schlagerschaffen, zum Positiven tendieren; sie enden mit Sätzen wie »Denn die Wege der Liebe sind wunderbar«, »Denn die Liebe ist die größte Macht auf Erden« oder »Erkenne, daß du die Welt nur ändern kannst, indem du dich selbst änderst! Steve Tender war zum Mann herangereift«.

»In der Welt der Lichtreklamen zeigt man, was man besitzt, doch was man fühlt, zeigt man nicht«, erkannte Anders bereits in *Einsamkeit hat viele Namen*. Der äußere Glanz zählt nichts; das Haar wurde lang und struppig. Einmal noch kehrte er, der heimliche Interpret

der Brandt-Ära, zurück zu seinen sozialdemokratischen Weggenossen. 1994 zeigten die Zeitungen – unter »Vermischtes« oder »Aus aller Welt« – ein unscharfes Bild von finaler Überzeugungskraft. Ein nackter, völlig nackter Christian Anders hatte sich an das Tor der Strafanstalt Aschaffenburg gekettet, aus Protest gegen die wegen pekuniärer Unregelmäßigkeiten erfolgte Verhaftung seines Bruders Dieter, seines Zeichens Europaabgeordneter der Sozialdemokratischen Partei Deutschlands. »Ich bin ein gefallener Engel«, enthüllte Anders 1997 in einem Interview. Ein Jahr später wurde der Ex-Juso-Vorsitzende Gerhard Schröder Bundeskanzler. Wer will so etwas erfinden? Ich bin froh, mich mit dem Schlager zu beschäftigen.

Meine 15 Ungeliebtesten
(kurz und bündig)

Die zumeist heile Welt des Schlagers führt keineswegs dazu, daß der Infizierte nicht tiefe Ablehnung zu äußern, ja abgrundtiefen Ekel zu empfinden vermag. Weil man das Genre liebt, schmerzen jene Gestalten so sehr, die durch nichts, aber auch gar nichts zu retten sind, Figuren, die aus Kommerz, Falschheit, Plumpheit, Anmaßung, Dummtexten, Haarteilen, Sonnenstudiobräune und grundsätzlicher Dämlichkeit bestehen. Jeder Schlagerbewegte hat seine Feindschaften und pflegt sie. Daß Roland Kaiser, Matthias Reim oder Paola hier nicht auftauchen, heißt nicht, sie hätten es nicht auch verdient gehabt.

Platz 15: Über **Patrick Lindner** gibt es nicht viel zu sagen. Ihm ist anzukreiden, daß er nicht dort blieb, wo er hingehört: in die beliebten Edelweiß- und Alpenglühnsendungen von Carolin Reiber oder Karl Moik. Ihn welpenhaft lächeln zu sehen ist unerträglich. Der bayerischen Staatsregierung wäre heftigst vorzuwerfen, daß Lindner und seinem Lebensgefährten gestattet wurde, ein russisches Kleinkind zu adoptieren, wodurch er die Möglichkeit erhielt, in Dutzenden von Talkshows aufzutreten und sein humanitäres Ansinnen vorzutragen.

Platz 14: Vor kurzem konnte **Roberto Blanco** nicht an sich anhalten und veröffentlichte, um das Maß vollzumachen, ein Buch: *Meine Vitalgeheimnisse.* Wie so vieles andere wäre das nicht nötig gewesen, doch es komplettiert das Bild des grinsenden ›Entertainers‹, der als Vorzeigeneger keine Kamera, keinen Maßkrug, keine Teppichwerbung, kein Tennisturnier scheut, um davon abzulenken, daß sein letzter nennenswerter Schlager (*Ein bißchen Spaß muß sein*) aus dem Jahr 1972 datiert.

Platz 13: Über sie und ihre Lieder hat sich dankenswerterweise verhüllender Nebel gelegt. Dennoch ist nicht vergessen, wie unangenehm mir die Sängerin **Lena Valaitis** immer war. Zu tun hat dies wohl vor allem damit, daß sie in die Fänge des Mitklatschkomponisten Jack White geriet, der ihr Einstampflieder wie *Ob es so oder so oder anders kommt* auf die litauischen Stimmbänder schrieb. Ihre Frisur war auch nichts.

Platz 12: Aus der im Nordbadischen gelegenen Faust-Stadt Knittlingen stammen **Die Flippers**. Ihr Beispiel zeigt, daß auch im Schlagergeschäft die Grenzen von Genialität und Schwachsinn eng beisammen liegen. *Weine nicht, kleine Eva* machte diese heute drei älteren, aber auf jung getrimmten Herren 1969 bekannt – ein Heul- und Jaullied, das ohne Zweifel in seiner Geschmacklosigkeit Qualitäten aufweist. Was danach kam, waren fast nur Retortenprodukte, die es sich einfach machten. Exotica wie *Lotosblume* oder *Die rote Sonne von Barbados* aneinanderzureihen, das, liebe Jungs, reicht nicht für die Ewigkeit. Wie sagt schon

Doktor Faust in Goethes wohlgesetzten Worten: »Den Göttern gleich' ich nicht! Zu tief ist es gefühlt; / Dem Wurme gleich' ich, der den Staub durchwühlt«.

Platz 11: Kennen Sie **G. G. Anderson**? Der eigentlich Grabowski heißt und aus Eschwege stammt? Keine Zeile wäre über ihn zu verlieren, wenn er sich damit begnügt hätte, im Backstagebereich zu bleiben und still vor sich hin zu produzieren. Doch nein, es zog ihn ins Rampenlicht mit nichtssagenden Süßholzliedern, die einen unangenehmen Schleim in der Ohrmuschel hinterlassen. Ach, Sie kennen Herrn Anderson gar nicht? Um so besser.

Platz 10: Mindestens so gruselig wie der Vorgenannte war **Freddy Breck**, der ohne Hemmungen im Klassikschrank kramte und, zur Freude aller Insassen des Seniorenstifts Bad Mergentheim, mit Verdi- und Suppé-Adaptionen (*Überall auf der Welt*; *Rote Rosen*) aufwartete. Schlager waren das eigentlich nicht, und zudem sah Breck so geschniegelt und gebügelt aus. Später wurde es ruhiger um ihn, was die Erkenntnis erhärtet, daß früher keineswegs alles besser war.

Platz 9: Meine Güte, war das unerträglich Ende der sechziger Jahre, als die Niederländer darangingen, auf subtile Weise ihrem Lieblingsnachbarn Deutschland die Erniedrigungen und Beleidigungen der Vergangenheit heimzuzahlen. **Heintje** hieß eine dieser Geheimwaffen, die deutsche Mütter und Großmütter von ihren leiblichen Kindern und Enkeln entfremdete, weil der vom

Stimmbruch noch nicht behelligte holländische Fratz scheinheilige Unterwürfigkeitslieder wie (das auch von Benjamino Gigli und Margot Eskens aufgenommene) *Mama* zum Vortrag und damit selbst vereiste Herzen zum Schmelzen brachte. Auch an Weihnachten verschonte er uns nicht und sang *Heidschi Bumbeidschi*. Dazu agierte er in Pennäler- und Paukerfilmen. Die Rettung kam mit dem Stimmbruch; Comebackversuche als Hein Simons blieben zum Glück unbeachtet.

Platz 8: Weil wir im Alphabet gerade bei »H« sind – **Heino**, das Brechmittel mehrerer Generationen, gehört hierher. Unsäglich, wie er sich als nationaler Barde aufführte und keine Gelegenheit ausließ, um sich mit Gitarre, blonder Haarmatte und schwarzgetönten Brillengläser als Bergvagabund und Abenteurer auszugeben. Es kann kein Zufall sein, daß sich zwei seiner Komponisten und Texter das sprechende Pseudonym Adolf von Klebsattel gaben. Diese sind auch für *Blau blüht der Enzian* verantwortlich, worinnen sich die abgeschmackten, aufs Augenzwinkern älterer Schürzenjäger vertrauenden Textzeilen »... in der vierten Hütte haben wir uns geküßt, / und keiner weiß, was dann geschehen ist« finden. Es wäre zu wünschen, daß wenigstens das kopulierende Paar in diesem Lied post festum eine vage Erinnerung an das Geschehene besäße. Alle späten Versuche Heinos, sich irgendwelchen Rappern an den Hals zu werfen und seine Scheußlichkeiten als Ironie zu verkaufen, machten die Sache nicht besser. Und wenn er zusammen mit seiner Gattin Hannelore von Sowieso gemeinsam moderiert,

sehnt man sogar Gotthilf Fischer herbei. Und die Pfannkuchenmischungen, die unter seinem Namen den Lebensmittelhandel belasteten, schmecken auch nicht.

Platz 7: Männer, die ihr Brusthaar spazieren führen, sind mit Vorsicht zu genießen. **Costa Cordalis** will ich in diesem Zusammenhang nicht auslassen, den neben Demis Roussos in den Siebzigern auffälligsten Griechen. Sein Karrierestart wurde dadurch begünstigt, daß die Deutschen sich allmählich an Pizza und Balkanspieß satt gegessen hatten und nach neuen Attraktionen Ausschau hielten. Melina Mercouri und Nana Mouskouri hatten den Boden bereitet, mit Costa Cordalis genoß man Gyros und Retsina in vollen Zügen, eine Entwicklung, die Udo Jürgens 1977 mit *Griechischer Wein* zusammenfaßte – was Cordalis wiederum nicht davon abhielt, zwei Jahre später zu versuchen, mit *Der Wein von Samos*, einem Süßgetränk, plump nachzuziehen. Und sonst? *Steig in das Traumboot heute nacht*, *Anna Lena* und das gegrölte *Anita*, das sind Lieder aus dem Baukasten. Hauptsache, die Brustbehaarung ist echt.

Platz 6: Ein schwieriger Fall, der dem Absatz dieses Buches in Österreich nicht förderlich sein wird. Dennoch: **Peter Alexander** muß ins Vorderfeld dieser Liste; zu stark wurden Abende meiner Kindheit mit der *Peter Alexander Show* belastet, zu treuherzig erschien mir immer sein wienerischer Augenaufschlag, der auch im Rentenalter lausbubenhaft wirken sollte, zu beschränkt war mir sein Filmhumor, der die TV-Nachmittagsprogramme bis zum heutigen Tag verstopft. Doch

geben wir zuerst seinen glühenden Verehrerinnen eine Chance. Die Heidelberger Bewunderin Gisela Remmlinger würdigte diese »einzigartige Persönlichkeit« anläßlich seines 70. Geburtstags. Sie rühmte seine »sehnige und zugleich schmelzend weiche Stimme«, seine »ehrliche, natürliche und liebenswerte Art« und vergißt auch seine Gattin und Managerin Hilde nicht, die er liebevoll »Schnurrdiburr« nennt.

All das ist sicher richtig. Nicht vergessen und nicht verziehen aber ist auch, wie viele hochnotpeinliche Schlager Peter Alexander in seinem langen Leben von sich gegeben hat. Keine Scheu vor nichts! Hier die unerträglichsten Belege: *Die kleine Kneipe* (1976; für Österreicher auch in der »Beisel«-Version erhältlich), das den für Alexander typischen Heile-Welt-Sermon penetrant vor sich herträgt; *Hier ist ein Mensch* (1970), das Zeugnis davon ablegt, daß Menschen- und Nächstenliebe auch von ihm als kurzzeitiger Modetrend erkannt wurde, und das der wendige Künstler drei Jahre später mit *Irgendwo brennt für jeden ein Licht* zu überbieten hoffte; die gräßliche Verballhornung des Presley-Songs *Bist du einsam heut' nacht* (1961); die unvermeidlichen Weihnachtsplatten, auf denen die Herzigkeit des Alexanderschen Gesichtsausdrucks von keinem angefahrenen Rauhhaardackel hätte überboten werden können; das Auf-Western-Gemache *Missouri-Cowboy* (1961); die Arbeitnehmeranbiederung *Feierabend* (1977); die Familienanbiederung *Der Papa wird's schon richten* (1981); die Underdoganbiederung *Immer auf die Kleinen* (1982); die Frauenverdummung *Und manchmal weinst du sicher ein paar Tränen* (1979), nachdem ältere

60

Bemühungen, sich in die weibliche Seele einzufühlen (*Müssen Frauen einsam sein*, 1966; *Was Frauen träumen*, 1964), schon mißraten waren.

Schlagersänger – das ist ihr Beruf – produzieren eine Menge Schrott, um Langspielplatten und CDs aufzufüllen. Wie unschwer zu erkennen, hat sich Peter Alexander dabei jedoch mehr als nötig hervorgetan. Das kann kein Zufall sein. Ein Lied Peter Alexanders, das mir sympathisch wäre, ist mir auch nach längerem Nachdenken nicht eingefallen.

Platz 5: De mortuis nil nisi bene, sagen die Lateiner und meinen damit den löblichen Vorsatz, über Tote nicht schlecht zu sprechen. Für die Abfassung dieses Buches hatte ich mir das fest vorgenommen, doch beim Unterschreiben des Verlagsvertrags war noch nicht abzusehen, daß bei dessen Erfüllung **Rex Gildo** nicht mehr unter uns weilen sollte. Lassen wir also die altphilologische Rücksicht und halten fest, daß sich Hirtreiter alias Gildo viel von seinem Profil als Einkaufscentereröffnungssänger selbst zuzuschreiben hat. Aus seinen jungen Jahren, als sein Aussehen und sein Alter noch miteinander zu tun hatten, lasse ich gerne das eine oder andere gelten. Der Mannheimer Schlagerexperte Thommi Herrwerth rühmt mit gutem Grund Gildos *Das Ende der Liebe*, das mit schmerzensreich vorgetragenem Leid aufwartet und textlich das eine oder andere Kuriosum aufweist. Auch mancher Auftritt mit Gitte war nett anzusehen. Das Unglück kam mit *Fiesta Mexicana* (1972) nebst dusseligem »Hossa«-Ruf und *Marie, der letzte Tanz ist nur für dich*; dadurch entstand das Image, das

diesen Sänger so beschränkt erscheinen ließ wie seine Lieder, und daran änderte auch der Todessprung aus einem Münchner Badezimmerfenster nichts.

Platz 4: Am ungenießbarsten sind Schlagersänger, die mehr sein wollen als Schlagersänger. **Katja Ebstein** zum Beispiel glaubt wohl bis heute, daß sie, weil sie Brecht-Lieder sang, eine Brille mit ovalen Gläsern trug und Romanistik studierte, mehr als eine Schnulzentante ist. Gerade wer einmal mit Brecht-Texten Umgang hatte, wäre gut beraten gewesen, nicht Schlager zu trällern, deren Abgeschmacktheit eher auf einen Hobby-Dichter-Abend, Sektion Langenbeutingen, schließen ließe. Ebsteins quengelnd-schrill vorgetragenes Grand-Prix-Lied *Diese Welt* etwa gilt nur gutgläubigen Schlager-historikern als ernstgemeintes Ökolied, und besonders scheußlich klingt der Sozialkitsch *Ein Indiojunge aus Peru* (»... er will leben, leben so wie du«) in den Ohren. Im *Lexikon des deutschen Schlagers* lese ich: »Katja Ebsteins ausdrucksvolle Art der Schlagerinterpretation wirkte zu Anfang der 70er Jahre stilbildend.« Allein um dieser Geschichtsklitterung entgegenzuwirken, gebührt Frau Ebstein ein Spitzenplatz. Mein Lieblingszitat: »Ich stehe zu dem, was ich tue, ich habe außerdem kein gestörtes Verhältnis zum deutschen Schlager.« Na, da wird sich der aber freuen.

Platz 3: Irgendwann hat **Jürgen Drews** beschlossen, daß es bei ihm nicht mehr darauf ankommt. Seitdem spricht er, wo immer sich eine Möglichkeit auftut, über seine blutjunge Frau, seinen knackigen Hintern, mode-

riert aufs schleimigste Musiksendungen in obskuren dritten Programmen und wurde zu allem Überfluß auch noch beauftragt, für RTL 4 oder 5 eine Sendung anzusagen, bei der er, Drews, kostenlos Frauenbusen anfassen darf. Und natürlich singt er immer, wo es geht, *Ein Bett im Kornfeld*, seinen einzigen bemerkenswerten Hit, der fälschlich behauptet, es sei Männern eine Herzensangelegenheit, sich zum Behufe des Beischlafs im Freien zu tollen. Seit dieser Zeit hält sich Drews für omnipotent, und das hat offenkundig Frauen mit verminderter Wahrnehmungsfähigkeit beeindruckt. Ein Trost: Auch seine biologische Uhr tickt.

Platz 2: Manchmal ist es gut zu wissen, wie überschaubar der Einfluß von Büchern ist. Andernfalls stünde zu befürchten, daß Massen von **Wolfgang-Petry**-Anhängern die Geschäftsstelle des Verlages stürmten und den Skalp des Autors verlangten. Der Erfolg dieses Mannes, dessen Handgelenk schmuddelige bunte ›Freundschaftsbänder‹ umschlingen, wie man sie früher in der Grundschule austauschte, ist unerklärlich, zumal kein einziges seiner seit *Sommer in der Stadt* (1976 ... das ging ja noch) ausgestoßenen Produkte zu einem bleibenden Schlagerereignis wurde. Daß alle ihm ähnlich sehenden schnauzbärtigen, Dosenbier trinkenden Spoilerbesitzer und Formel-1-Anhänger seine Platten kaufen, kann es allein nicht sein. Nachbarn sagen, er sei ein grundnetter Kerl und ganz natürlich geblieben. Er selbst gibt, der *Bild*-Zeitung zufolge, als Erfolgserklärung an: »Meine Fans lieben mich, weil sie wissen: Ich bin einer von ihnen.« Das gibt zu denken.

Platz 1: Er hält sich seit Jahren auf meiner Poleposition. Denn die Dreistigkeit, mit der **Tony Marshall**, der »Fröhlichmacher der Nation«, einem seit Jahrzehnten das Leben vergällt, ist unübertroffen. Aus zahllosen Fernsehsendungen wissen wir – der Künstler erwähnt es immer wieder gerne –, daß er Gesang studiert habe, was wohl mildernde Umstände einbringen soll. Von wegen! Marshall hat sich mit gütiger Mithilfe von Jack White nur einer Botschaft verschrieben: dem stumpfsinnigen He-das-Leben-ist-schön, das seinen Höhepunkt in *Schöne Maid* und *Komm, gib mir deine Hand* fand. Textlich am tiefschürfendsten erscheint mir hingegen die aus dem Jahre 1978 stammende Weise *Ach, laß mich doch in deinem Wald der Oberförster sein*. Marshalls Frisur überbietet das, was Rudi Völler jahrelang trug. Und wenn er sich mündlich in dritten Fernsehprogrammen äußern darf, tut sich in Sekundenschnelle das Elendsloch seiner Karriere auf. Im Herbst 1999 etwa wurde er aufgefordert, Rex Gildos »tragischen« Tod zu kommentieren, und seine Sätze vom »prima Kumpel«, vom »Super-Kollegen«, der »immer gut drauf war«, erhärten seinen Platz als Nummer eins. Einmal hatten wir Glück mit ihm, als er trotz Sieg im Vorentscheid (*Der Star*) wegen eines Reglementverstoßes nicht zum Grand Prix Eurovision de la Chanson fahren durfte. Das tat gut.

Meine 37 Favoriten (mit weit-schweifigen Exkursen)

Die Liebe zum populären Liedgut lebt davon, daß sie sich an Kleinigkeiten festmacht, an zwei, drei Zeilen eines Refrains, am unwiderstehlichen Outfit einer Sängerin, an der eigenartigen Aussprache eines Wortes oder an der Tiefgründigkeit des Backgroundchors. Zu Lieblingsschlagern werden auch Lieder, denen man mit Schaudern, ja mit Entsetzen lauscht, weil sie auf so klare Weise die Tollkühnheit dieser Gattung und ihrer Repräsentanten zeigen. Lieblingsschlager kann ich ohne Unterlaß hören und mich an ihren Kapriolen erfreuen. Beginnen wir wieder mit den hinteren Rängen.

Platz 37: Wann habe ich dieses Lied gehört? Vermutlich Ende der Siebziger und nur ein einziges Mal, bilde ich mir zumindest heute ein. *Wenn meine Freunde alle gehen*, heißt es, vermutlich, und gesungen wurde es, ziemlich sicher, von **Andrea Andergast**. Wie der Titel verrät, handelt es sich offenkundig um ein schmerzensreiches Lied, das ich, glaube ich, seitdem nie mehr gehört habe. Über die Interpretin ist selbst in Fachlexika und im Internet wenig zu erfahren. Sie ist der Branche wohl treu geblieben, produziert und textet mittlerweile, auch volkstümlich.

Manchmal stelle ich mir vor, in der Abenddämmerung auf der Autobahn zu fahren, so kurz vor dem Maschener

Kreuz, und dann ertönte unter verhangenem Himmel plötzlich Frau Andergasts Stimme aus dem Radio. »Wenn meine Freunde alle gehen ...«, alle weiteren Verse sind mir bedauerlicherweise entfallen. Es wird Zeit, in den Periodika der Schlagerfreunde eine Suchanzeige zu starten. Oder womöglich liest Andrea Andergast diesen Eintrag, ruft mich an ... In Nachauflagen dieses Buches werden wir sie dann höher plazieren.

Platz 36: Schlager bilden. Sie bringen einem nicht nur Lebensweisheiten nahe, für die Moralphilosophen dicke Bände brauchen, sondern schulen auch in linguistischer Hinsicht. Von **Peter Cornelius** zum Beispiel stammt das bemerkenswerte *Du entschuldige – i kenn' di*, das aus zweierlei Gründen zur Reflexion anregt. Obschon es für notwendig erachtet wurde, das Lied auch in einer hochdeutschen Fassung (gesungen von Bernhard Brink) aufzulegen, sind seine Wortfolgen nicht sonderlich schwer zu verstehen – bis auf den Einstieg. Es bedurfte der Mithilfe eines steirischen Germanisten und der Bestätigung einer Wiener Schriftstellerin, um mir sicher zu sein, daß Peter Cornelius mit der erzählreflexiven Passage »Wann i so ins Noarrnkastl schau'« anhebt. Das Bild vom Narrenkasten bzw. Noarrnkastl ist nicht-österreichischen Ohren ungeläufig. Wie der Blick (sofern man die Fügung endlich decodiert hat) in Wörterbücher des Österreichischen bestätigt, bedeutet »ins Narrenkastl schauen« etwa »gedankenverloren starr blicken«, eine Haltung, die bekanntlich dazu einlädt, sich der Vergangenheit zu entsinnen, und dies nicht selten mit wehmütigem Ton.

66

Peter Cornelius' mnemotechnisch argumentierender Einsatz führt dazu, daß ein Wiedersehen mit einer Schülerliebe (»... die mit 13 scho' kokett war, mehr als wos erlaubt war, und die enge Jeans o'ghabt hat«) schöne Schulhoferinnerungen heraufbeschwört und, in einem gemütlichen Beisel, zu der überraschenden und sofort als richtig erkannten Folgerung führt, es einfach »jetzt mitanand'« zu »versuchen«. Dahinter steckt ein simpler Männertraum, wie Schlager überhaupt dazu prädestiniert sind, simple Männerträume offen auszusprechen. Denn im richtigen Leben wird man es nie erleben, daß eine Frau – nach fünfzehn Jahren des Nicht-Sehens – sich stante pede entschließt, dem Mann, dem Jungen von einst, ein Bündnis fürs Leben anzubieten. Cornelius' *Du entschuldige – i kenn' di* bemüht einen Trick, um die Männerphantasie zutage treten zu lassen. Der Wunsch des Mannes wird der Frau in den Mund gelegt. Daß Männer glauben, verflossene Frauen verbrächten ihre Zeit vor allem damit, ihnen wartend nachzutrauern, zeigt sich auch in Howard Carpendales *Hello Again*, das selbstverständlich davon ausgeht, daß die einst verlassene Partnerin (»es brennt noch Licht in deinem Zimmer«) auch nach einem Trennungsjahr ohne Zögern dazu bereit ist, wieder Bett und Tisch mit dem reumütig Treulosen zu teilen. So hätten Männer das gerne, zumindest wenn sie Peter Cornelius oder Howard Carpendale heißen.

Platz 35: Schlagertexter sind nicht frei von philosophischen Neigungen, und es verwundert nicht, daß auch promovierte Juristen wie Michael Kunze oder Fred Jay

zu den erfolgreichsten Vertretern ihres Metiers avancierten. Schlagertexter verspüren gelegentlich den Hang zur Botschaft. Diese steht dem Lied meist nicht gut zu Gesicht, doch sie gebiert Verse von vorzüglicher Stringenz, Zeilen, auf die man in ihrer erkenntnistheoretischen Tiefe erst einmal kommen muß. Die »Zeit« beispielsweise ist ein Phänomen, das keinen Menschen unberührt läßt. Man muß nicht Heidegger, Bergson oder Proust heißen, um darüber ins Grübeln zu geraten, wie sie vergeht, wie sie immer schneller vergeht, wie sie schwer zu fassen ist und überhaupt. Der nachdenklich ausgerichtete Schlager läßt es sich deshalb nicht nehmen, das zu thematisieren. Von Bianca Shomburg und ihrem erfolgsschwachen Grand-Prix-Beitrag *Zeit* war schon die Rede. Von Margot Eskens wird in dieser Favoritenhitparade noch die Rede sein, doch ihr ebenfalls beim Grand Prix vorgetragenes Liedchen *Die Zeiger der Uhr* (»... die drehen sich nur«) sei in diesem Kontext zumindest erwähnt. Am schönsten freilich wird es, wenn im Schlager die Metaphern zu purzeln beginnen und die Zeit, wie 1973 bei Jürgen Drews, als »lange Straße« erscheint, und am allerschönsten ist es, wenn **Barry Ryan** singt *Zeit macht nur vor dem Teufel halt* (»... die Hölle wird nicht kalt«). Die Textverantwortung dafür trägt Ryans Bruder Paul, dem es gelang, gleich mehrere schlagerferne Motive in eine Single zu pressen. Zwar finden sich auch andernorts Bemühungen, den Teufel (Peggy Marchs *Male nicht den Teufel an die Wand*) oder die Hölle (Nino de Angelos *Vielleicht muß man erst mal durch die Hölle*) beherzt anzusprechen, doch erst Paul und Barry Ryan schufen eine Bildlich-

keit, die mit ihrer wuchtigen Konkretheit Stoff zum Nachsinnen bietet. Das ewig heiße Höllenfeuer, die Aussparung Gottes (macht vor ihm die Zeit nicht halt?) ... Je öfter ich dieses Lied höre, desto verrätselter erscheint es, urteilen Sie selbst:

»Die Zeit, sie trennt nicht nur für immer Tanz und
                                                        Tänzer,
Die Zeit, sie trennt auch jeden Sänger und sein Lied,
denn die Zeit ist das, was bald geschieht (...),
denn die Zeit läuft vor sich selber fort (...),
denn die Zeit zieht einen langen Strich.«

Und da sage einer, der Schlager handele immer von den gleichen Dingen!

Platz 34: Ich vermag mich auch über Kleinigkeiten zu freuen, darüber etwa, daß es der norwegischen Sängerin **Kirsti** vor sehr vielen Jahren gelang, das topographische Einerlei im Schlager zu durchbrechen. Dessen Örtlichkeiten trugen fast immer den Hauch des Exotischen, Romantischen und Fernen, klangen also nach Capri, Surabaya, Montana, Heidelberg, Adano (das sich auf keiner Landkarte findet), El Paso, Maratonga, Hawaii, Lago Maggiore, Barbados oder St. Tropez. Und dann kam da 1969 dieses frische, hochsympathische Mädel namens Kirsti und sang *Ein Student aus Uppsala*. Die schwedische Stadt, zuvor nicht hervorgetreten, ist uns seitdem bestens vertraut, nicht zuletzt, weil Kirsti deren Endsilbe in ein glockenfröhliches »Lalalalala« münden ließ. Darüber hinaus riskierte es Kirstis Texter Georg Buschor, die Romanze, die zwischen dem singenden Ich und einem Studenten »in einer Hütte im Schnee«

begann, nicht zu einem Happy-End zu bringen. Später, in den siebziger und achtziger Jahren, brachen dann alle Dämme, und Gemeinden wie Bochum (Herbert Grönemeyer) oder Gütersloh (Thommie Bayer) wurden für liedwürdig erachtet. In den Neunzigern folgte sogar Osnabrück (Cliff & Rexonnah).

Platz 33: Wenn wir schon in Skandinavien sind, darf die Dänin **Dorthe** nicht fehlen. Daß sie ein paar Jahre mit Opernsänger René Kollo (der mit *Hello, Mary-Lou* auch Schlagerwurzeln hat) verehelicht war, braucht nicht weiter zu interessieren. Eher schon, daß Dorthe eine Zeitlang Dinge sang, die, höflich gesagt, ungewöhnlich waren. Die Frage *Sind Sie der Graf von Luxemburg* legt sie zum Beispiel einer Frau in den Mund, die zu den dämlichsten Heroinnen des Schlagers zählt. Diese nämlich macht sich mitten im 20. Jahrhundert auf, um jenen Grafen zu suchen, den man aus der gleichnamigen Operette Franz Lehárs kennt. Das dumme Ding spricht (Dorthe spricht das übrigens ganz süß als »s-pricht« aus) mehrere verdächtig aussehende Männer an, bis einer ihr generös erklärt, daß der gesuchte Graf, wenn er denn noch lebte, eher in Paris zu suchen wäre. Pech gehabt, Dorthe, aber warum sollte mitunter nicht auch blanker Unsinn geäußert werden? Das ändert nichts daran, daß Skandinavien dem Schlager viel gegeben hat, neben Kirsti, Gitte, Siw Inger, Wencke Myhre und Dorthe insbesondere die Schwedin Siw Malmkvist, deren *Liebeskummer lohnt sich nicht* so klingt, als hätte es Herr Büchmann selbst für seinen Zitatenschatz geschrieben.

Von Dorthe stammt auch *Wärst du doch in Düsseldorf geblieben*, das von einem unglückseligen Ranchausflug eines Rheinländers berichtet. Hans Magnus Enzensberger spitzte dies Jahre später zu: »Wozu sind in Düsseldorf die Menschen geboren?«

Platz 32: Vico Torriani war Schweizer, und deshalb sind die Winkelzüge seines Genies für Nicht-Schweizer nicht sofort verständlich. Es sei dennoch versucht: Mit seiner kulinarisch-musikalischen Fernsehshow *Hotel Victoria* hat er meine frühe Kindheit beeinflußt und in mir den ersten Berufswunsch, Koch, aufkommen lassen. Als Sänger hat Torriani, ein charmanter Geck mit pomadisiertem Haar, Beachtliches geleistet. *Kalkutta liegt am Ganges* ist, wie sein Landsmann, der Germanistikprofessor Peter von Matt, in einer einfühlsamen Interpretation nachwies, eine sich im Topographischen austobende Sexualphantasie, die – man schrieb 1960 – nur in dieser raffiniert verdeckten Form auf den Markt kommen konnte. Auch das heimatverbundene *In der Schweiz* ist hübsch, und auf die *Ananas aus Caracas* lasse ich allein des Reims wegen nichts kommen. Am meisten sagt mir jedoch das winterlich verspielte *Zwei Spuren im Schnee* zu, das mit einfachen Strichen ein Landschaftspanorama schafft, vor dem Liebende harmoniebeseelt Ski fahren: »Zwei Spuren im Schnee / führ'n herab aus steiler Höh'. / Und die eine Spur ist meine, / und die andre Spur ist deine«. Das ist einfühlsam gesagt und erinnert nicht von ungefähr an den Schriftsteller Conrad Ferdinand Meyer (1825 bis 1898), auch er ein Schweizer. Meyers Gedicht *Zwei Segel* erscheint dabei

gleichsam als Vorlage für Torrianis Schlager: »Zwei Segel erhellend / Die tiefblaue Bucht! / Zwei Segel sich schwellend / Zu ruhiger Flucht! // Wie eins in den Winden / Sich wölbt und bewegt, / Wird auch das Empfinden / Des andern erregt.« Vico Torrianis Adaption *Zwei Spuren im Schnee* verlagert die Szenerie in einen – besser zum Image des Sängers passenden – alpinen Raum und nutzt das beliebte Motiv des unberührten Schnees, um den Gleichklang zweier Herzen in selbigen zu zeichnen.

Torrianis späterer Wendung zum Volkstümlichen stehe ich ablehnend gegenüber; *La Pastorella*, die Rührnummer aus Omas Wunschkonzert, ist gräßlich.

Platz 31: Apropos Volksmusik: Sendungen, die ihr gewidmet sind und in denen sogar sangesuntaugliche Skifahrer wie Hansi Hinterseer gefeiert werden, sehe ich nicht, und so entgeht mir erfreulicherweise, daß viele einstige Schlagergrößen irgendwann begannen, ihr Heil in Berg-und-Tal-Geschunkel zu suchen. Besser überhaupt eine Fernsehpräsenz als gar keine. Außer Marion Maerz und Margot Eskens fällt uns da vor allem **Elfi Graf** ein, die dem österreichischen Dornbirn entsprungen ist. Einmal, 1973, gelang es ihr (und Texter Georg Buschor) dennoch, sich ins ewige Liederbuch einzuschreiben. *Herzen haben keine Fenster* heißt dieses an Leibniz' Monadologie gemahnende Stück, das anatomisch (scheinbar) gesichertem Wissen neue Seiten abgewann. Weiterbringend auch der Hinweis, daß Herzen zwar fensterlos seien, jedoch immerhin über »eine Tür allein« verfügten. Der weitere Fortgang des mit Wisperstimme vorgetragenen Liedes ist unerheblich.

Platz 30: Der DDR-Schlager kommt in diesem Buch zu kurz, natürlich. Wie könnte das auch anders sein? Schlager müssen sich früh in den Seelenabgründen einlagern; sie müssen einen begleitet haben, um später sofort präsent zu sein. Und deshalb kenne ich viele DDR-Schlager nicht, was ihre ausführliche Würdigung verhindert. Ausnahmen freilich gibt es, kleine Juwelen, die sich mir auf Umwegen genähert haben und deshalb eine Plazierung zumindest auf den hinteren Rängen verdienen. Wie **Ute Freudenberg**. Ihr *Jugendliebe* ruft in Erinnerung, was jeder kennt: die Jugendliebe eben. Das ist nett getextet, kraftvoll intoniert und ohne allzu große Ausrutscher zu Ende geführt. Eine klitzekleine Passage erst macht dieses Lied so besonders: »Lachend trägt die Zeit, die unvergeßlich bleibt«, heißt es da, nachdem anderthalb Minuten berichtet wurde, welchen Träumen jungverliebte 15jährige nachhängen. Als Auftakt der Zeile setzt Texter Burkhard Lasch nun eine inhaltliche Dopplung, indem er die arme Sängerin ein rauhes, merkwürdig unpassendes »Ha, ha« rufen läßt, auf daß auch unbedarfte Zuhörer begreifen, was unter einem Lachen zu verstehen ist. Ein skurriler Moment.

Überhaupt scheint es schwierig, ein Lustigkeit signalisierendes Lachen angemessen wiederzugeben. Der bekannteste Lachschlager, Fred Bertelmanns *Der lachende Vagabund*, müht sich auch mehr schlecht als recht, textliche Simulationen des Lachens darzubieten: »So lachte mir / und so lacht mir auch noch heute / immer ein roter Mund, / und es gibt keine Stunde, / die ich je bereute. / Meine Welt ist bunt! / Meine Welt ist bunt! Ha-ha-ha-ha-a!« Vagabunden bewegen sich am

Rande der gesellschaftlichen Konventionen; das mag das leicht hysterisch anmutende Lachen des Fred Bertelmann erklären.

Platz 29: Julio Iglesias war in seiner Jugend Fußballtorwart, gilt als internationaler Star, der seinen Zenit endlich überschritten hat (im Gegenzug singen jetzt seine Kinder). Und er hat, wie er sagt, mit noch mehr Frauen als Christian Anders geschlafen. Das alles ist ohne Belang, zumal unser spanischer Womanizer in die Kategorie eines Engelbert oder Tony Christie fällt, also jener »Entertainer«, auf die vor allem blonde Drogeriefachverkäuferinnen zwischen fünfundvierzig und sechzig aus dem Stuttgarter Raum stehen. Was Iglesias interessant macht, ist sein Kampf mit der deutschen Sprache. Diese zu beherrschen war noch nie eine Voraussetzung, um deutsche Schlager zu singen – sofern man von aufdringlichen Veranstaltern nicht gezwungen wird, ohne Playback zu singen. Iglesias' bekannteste Schlager (*Wenn ein Schiff vorüberfährt*; *Komm wieder, Madonna*) wecken im Zuhörer ein aktives Mitleiden: Wird es Julio schaffen, all die unglaublich hohen Textklippen zu überwinden? Wird er die vom Produzenten aufgemalte 50-Punkt-Lautschrift fehlerlos entziffern können? Läßt sich der Eindruck vermeiden, daß der Interpret nichts, aber auch gar nichts von dem versteht, was er zum besten gibt? Das sind die Fragen, die eine Julio-Iglesias-CD unvermeidlich hervorruft.

Ihm zum Troste sei daran erinnert, daß er unter den vielen deutsch singenden Gastarbeitern mit dieser Tortur nicht allein war, ja, manche verstanden sich sogar

74

trefflich darauf, einen »süßen« Akzent zu ihrem Markenzeichen zu machen. Wanda Jackson zum Beispiel rackerte sich hörbar durch den Text ihres – prächtigen – Liedes *Santo Domingo*, doch wollte man das aus dem Munde einer makellos artikulierenden Einheimischen hören? Gewiß nicht, und auch Cliff Richard (*Rote Lippen soll man küssen*), Rita Pavone (*Arrivederci Hans*) oder Connie Francis lebten davon, daß sie unbotmäßig betonten. *Alte Liebe rostet nicht*, eines der weniger bekannten Lieder von Connie Francis etwa, bewahrt seinen Charme dadurch, daß die Künstlerin nicht davon abzubringen war, das Verb »rosten« mit langem »o« zu sprechen. Das klingt mit einem Mal nach »Röstkartoffeln« und weckt muntere, wenn auch abseitige Assoziationen.

Platz 28: Der Schlager kann in verschiedensten Konstellationen vorgetragen werden. Daß da nur einer oder eine steht und trällert, ist keine Selbstverständlichkeit. Beliebt ist auch die Möglichkeit, mehrere (wie die bereits gewürdigten Flippers) oder zumindest zwei mit musikalischen Grundkenntnissen ausgestattete Menschen vors Mikrophon zu stellen. Solche Duos können aus Brüdern (Hoffmann & Hoffmann), aus Eiskunstläufern (Marika Kilius & Hans-Jürgen Bäumler) und aus Ehe- bzw. Liebespaaren bestehen. Letztere heißen dann originellerweise Adam & Eve (*Wenn die Sonne erwacht in den Bergen*), Nina & Mike (*Fahrende Musikanten*) oder Cindy & Bert (*Immer wieder sonntags*). Wenn diese Paare sich trennen, singen die Einzelteile manchmal weiter, meist erfolglos. (Wir reden hier

nicht von Ike & Tina Turner oder Sonny & Cher!) Kinder werden als Sympathieträger gerne einbezogen, damals etwa als Roy Black mit Anita quietschvergnügt das sehr lebensbejahende *Schön ist es, auf der Welt zu sein* sang. Anita nannte sich später Anita Hegerland und heiratete Mike Oldfield. Meine liebste Kombination freilich sind gemischtgeschlechtliche Geschwister, nicht nur auf der Bühne. Auch im Eislauf wie bei Ronald und Cynthia Kaufmann aus den USA, die 1964 eine Bronzemedaille gewannen, ohne den übermächtigen Russen Ludmilla und Oleg Protopopow etwas anhaben zu können. Aber ich schweife ab, wollte hier lediglich das Gesangsduo **Renate & Werner Leismann** (und en passant Caterina Valente und Silvio Francesco) aufleben lassen, das sich in seinen bleibenden Werken dem ursprünglichen Leben widmete und der vom Wohlstand zunehmend saturierten Gesellschaft 1973 ihr fröhliches *Ein Schlafsack und eine Gitarre* entgegenhämmerte. Ein Jahr später förderten sie mit *Ein Häuschen auf zwei Rädern* die Wohnwagen herstellende Branche. Im »Schlafsack«-Lied mußte natürlich auch eine Mundharmonika als altes Relikt der Naturburschenzeit mit auf die Reise, was den ein Jahr zuvor von Bernd Clüver mit *Der Junge mit der Mundharmonika* gestarteten Versuch, diesem Musikinstrument ein anderes, vieldeutigeres Prestige zu verschaffen, torpedierte.

Platz 27: Manche widerstehen der Versuchung, als Schatten ihrer selbst Oldiefestivals oder Möbelmarkteröffnungen zu krönen. Von **Tanja Berg** aus Berlin war nach ihrer Karriere Anfang der Siebziger wenig zu

hören. Elmar Kraushaar hat sie für sein 1983 erschienenes Buch *Rote Lippen* porträtiert, zu einer Zeit, als sie bereits dem Geschäft Lebewohl gesagt hatte. Ihr *Ich hab' dir nie den Himmel versprochen* (1973) ist kein außergewöhnliches Lied, doch ein sympathisches, denn Tanja Bergs rauchherbe Stimme gibt ihm eine eigene Note. Ist auch schon was.

Platz 26: Nach Ivo Robic ist **Bata Illic** der bekannteste Balkan-Import. Was er im Laufe der Jahre so vortrug, ist nicht sonderlich erwähnenswert. Manches wie *Ich möcht' der Knopf an deiner Bluse sein* ist nicht für sensible Frauenohren gedacht, und manches wie *Mit verbundenen Augen* (1968) erfreut durch einen tautologisch arbeitenden Refrain: »Dich erkenn' ich mit verbund'nen Augen, ohne Licht und in der Dunkelheit«. Der Dreischritt (Augenklappe, kein Licht, Nacht) versucht die Liebesfähigkeit des männlichen Interpreten besonders glaubhaft unter Beweis zu stellen. Das Hyperbolische dieser Klimax läßt darauf schließen, das die Frau zuvor Zweifel an der Vertrauenswürdigkeit des Partners angemeldet hat. Darüber schweigt sich Bata Illic aus. Daß »verbund'ne Augen« allein Liebesstärke anzeigen, versuchte wenig später Ulli Martin, eine Art Second-hand-Roy-Black aus Osnabrück, mit *Ich träume mit offenen Augen von dir* zu entkräften.

Platz 25: In den Auslassungen zum Grand Prix ließ es sich nicht vermeiden, auf die St. Ingberter Sängerin **Nicole** zu sprechen zu kommen. Ihr Siegeslied *Ein bißchen Frieden* konnte zwar die Nachrüstung nicht ver-

hindern, doch es verdient, in seiner reizenden Unbedarftheit präzise ausgedeutet zu werden. Sehr jung war Nicole damals in Harrogate, und sie verstand es, diesen Bonus auszunutzen. Der triste Liedauftakt sieht die Kleine als »Blume am Winterbeginn«, als »Puppe, die keiner mehr mag«. Im ansteigenden Spannungsbogen des Liedes gelingt es, diese erzwungene solitäre Position zu verlassen: »Allein bin ich hilflos, ein Vogel im Wind«; am Ende gesellt sich ein wiegender Chor hinzu (»Sing mir ein kleines Lied, daß (!) die Welt in Frieden lebt«). Das Ich erkennt, daß Frieden eine »Aufgabe« ist, »die nach und nach aufgelöst ihrem Ziele beständig näher kommt« (Immanuel Kant), und vor allem im Kollektiv zu packen ist. *Frieden ist möglich*, lehrte uns wenig später der seelenverwandte Fernsehpfarrer Franz Alt.

Wie alle große Kunst trägt auch Nicoles Chanson eine Metaebene in sich, ganz in der Tiefe gewissermaßen. Literatur als Therapie, darüber hielt 1980 Adolf Muschg eine ganze Frankfurter Poetik-Vorlesungsreihe; Nicole, die Rechtschaffene, formuliert eine Spur schlichter: »Ich singe aus Angst vor dem Dunkel mein Lied«. Und: Nicole und ihr Texter Bernd Meinunger erkennen, was viel Berühmteren (wie Günter Grass) bis heute schwerfällt: Die Wirkungskraft von Kunst ist eine bescheidene; wie sehr sich der sie Hervorbringende auch ins Zeug legt, die Welt ist durch moralische Appelle nicht ins Gleichgewicht zu bringen – in den Worten Nicoles: »Ich weiß, meine Lieder, die ändern nicht viel«.

Nicole selbst hat sich im Fortgang ihres Lebens erfreulich entwickelt. Aus dem klinisch reinen Hascherl aus dem Saarland wurde eine der erfolgreichsten

Schlagersängerinnen mit überraschend erotischer Ausstrahlung, eine Entwicklung wie bei Steffi Graf. Ihre Röcke sind meist recht kurz (auch wie bei der Brühlerin), das Haar ist offen, und die Texte sind es auch (*Kommst du heut nacht*; *Dann küß mich doch*). 1995, das wäre vielleicht nicht nötig gewesen, knüpfte Nicole noch einmal ans Gestern an: *Mehr als ein bißchen Frieden* schrieben Siegel/Meinunger ihr auf den filigranen Leib – ohne nennenswerten Effekt. Nirgendwo Menschenketten wie damals 1982, kein Friedrich Schorlemmer, keine Lea Rosh auf dem Bonner Marktplatz. Der Einfluß des deutschen Schlagers auf die Gesellschaft scheint weiter abgenommen zu haben.

Platz 24: Wer Nicole sagt, muß auch **Hans Hartz** sagen. Nicht, weil sich die beiden sehr ähnlich sähen. Nein, Hartz wirkte schon in seinen besten Zeiten wie einer, über den die Zeit hinweggegangen ist: das Haar zu lang, die Brillen stets zu groß, Ringelshirts oder Hemden, die den Blick auf Goldkettchen freigeben. Indes, wir wollen den Künstler nicht an Äußerlichkeiten messen und zuerst und vor allem rühmen, welche scharfen Töne Hartz in den Kampf der Friedensbewegung einbrachte, damals als wir fast alle in anrührender Weise auf der Schwäbischen Alb standen und Händchen haltend Menschenketten bildeten, die, aus dem Hubschrauber gefilmt, abends in der Tagesschau imposant anzusehen waren. *Die weißen Tauben sind müde* (1982) greift, recht leicht zu erkennen, ein gängiges Friedenssymbol auf, stellt diese vom ständigen Rüstungswettlauf müde gewordenen Tierchen (»ihre Schnäbel sind längst leer«)

den »Falken« gegenüber, die »stark wie nie zuvor« am Himmel fliegen und die der politisch interessierte Zeitgenosse sofort mit grimmig schauenden Herren aus den Verteidigungsministerien in Washington und Moskau in Verbindung brachte. Ohne Rücksicht auf die Hörgewohnheiten der Konsumenten breitet Hartz den nahenden Weltuntergang aus, in Bildern großer Bitternis: »Komm her, Marie, ein letztes Glas. / Genießen wir den Augenblick, / ab morgen gibt's statt Wein nur Wasser«. Am kühnsten ist jene Zeile geglückt, die in Hartz' Ausruf »Marie, die Welt reißt von der Leine« mündet – ein Bild, das in seiner Vielschichtigkeit nicht auszuloten ist. Wer hält diese Welt an der »Leine«? Und wohin entflieht sie? Wer hält sie dann? Fragen über Fragen, die der Schlager in seinen gut vier Minuten unbeantwortet läßt. Hartz' Taubenlied verdankt seine Wirkung nicht allein inspirierter Dichtkunst; ein wesentliches Element ist die Stimme des Vortragenden, die mit »reibeisenartig« unzureichend charakterisiert wäre. Hartz klingt wie Bonnie Tylers zwanzig Jahre älterer trunksüchtiger Bruder, was dem Lied große Authentizität gibt: Dieser Hans Hartz – und seine leicht verlebten Gesichtszüge unterstreichen das – muß extrem viel durchgemacht haben, und wenn so einer die weißen Tauben bedroht sieht, dann wird das schon seine Richtigkeit haben.

Hartz' weiteres Œuvre bedarf keiner intensiven Zuwendung. Mit Nummern wie *Nur die Steine leben lang* oder *Musik aus der Ferne ... Dacapos im Wind* versuchte er an seinen elegischen Taubentriumph anzuknüpfen. Biertrinker erkannten seine Stimme Jahre später, als grüne Segelschiffe übers Werbewasser kreuzten und

Hans Hartz (wie nach ihm Joe Cocker) unverkennbar für Beck's Bier sang. Auch das sehr ehrlich.

Platz 23: Stefan Raabs *Maschendrahtzaun* bewies einmal mehr, daß es auch unpoetischen Wörtern gelingen kann, auf CD gepreßt zu werden. Zwar ist statistisch ausgezählt worden, daß in Schlagertexten am häufigsten auf die Vokabeln »ich«, »du«, »wir« und »nicht« zurückgegriffen wird, doch langlebige Schlager vermeiden es, zu platt das schon hundertfach Gesagte zu wiederholen. Manche Schlager zeichnen sich gerade durch Wortraritäten aus. **Reinhard Mey** etwa, dieser Liebling linksliberaler Bartträger aus sozialen Berufen, hat in seinem Leben viel gesungen, und das wollen wir hier keineswegs ausbreiten. In *Über den Wolken* freilich hat er geschafft, was meines Wissens kein anderer vor ihm wagte: Er scheute sich nicht, seinem Schlager das Wort »Luftaufsichtsbaracke« einzuverleiben. Da steht es nun in diesem Text, und Reinhard Mey trägt es sicher vor – schön, was der Schlager alles aushält.

Platz 22: Schlager sprechen Urgefühle an und hüten sich oft, zu ge- oder verbildet daherzukommen. Aufmerksamkeit verdienen deshalb Schlager, die Ausflüge in ungewohnte Welten machen, in die der Operette zum Beispiel wie Dorthes *Graf von Luxemburg* oder in die der Geschichte, Philosophie und Weltliteratur. Je berühmter deren Vertreter erscheinen, desto größer die Chance ihrer Popularisierung im Lied: Frankreichs Kaiser Napoléon wurde nicht allein in ABBAs *Waterloo* verewigt, nein, auch France Gall, die kleine, Apfelsinen

im Haar und an den Hüften Bananen tragende Französin, griff bei der Beschreibung ihres Traummannes tief in die Prominentenkiste: *Ein bißchen Goethe, ein bißchen Bonaparte* (»... so soll er sein, der Mann, auf den ich warte«), Rudi Carrell ließ sich sagen *Goethe war gut* und Freddy es sich nicht nehmen, Napoléons Jahre der Verbannung nachzuempfinden: *Sankt Helena,* wo ein einsamer Kaiser zu mitternächtlicher Stunde schlaflos über den niederträchtigen Gang der Geschichte grübelt. Nicht immer funktionieren diese Bildungsanleihen: **Peggy Marchs** Texter Hans Bradtke griff in *Romeo & Julia* (1967) geographisch knapp daneben, als er singen ließ: »Wir, wir beide sind nicht Romeo und Julia / und sind auch nicht zu Hause in Florenz. / Wir, wir beide machen Romeo und Julia / in puncto Tränen keine Konkurrenz«. Man sieht, welche ungeheuren Auswirkungen der Reimzwang hat. Das Schlußwort »Konkurrenz« ruft den fatalen Irrtum »Florenz« hervor, wobei, zugegebenermaßen, das Reimwort »Verona« die Texterei nicht erleichtert hätte. Versuche mit »so nah«, »Ilona«, »doch da« oder ähnlichem hätte Hans Bradtke freilich unternehmen können.

Platz 21: Ein DDR-Schlager darf's noch sein. **Frank Schöbel**, mit dem ich einst meinen Religionslehrer quälte, hat einige Stücke zusammen mit seiner damaligen Frau **Chris Doerk** aufgenommen. Ihr apartestes Duett ist *Lieb mich so, wie dein Herz es will* (1967), das in kräftigem Wechselgesang der Frage nachgeht, auf welche Weise der Mensch am richtigsten liebe. Anfängliche Überlegungen, es wie die Sonne, wie die Wolken

oder wie die Sterne zu tun, werden nach reiflichem Abwägen beiseite geschoben: »Denn die Sonne geht, / und der Nachtwind weht« – »Sterne werden blind, / und der Tag beginnt« – »Wolken wehen fort, / sind mal hier, mal dort«; das Paar kommt rasch und gemeinsam zu der Erkenntnis, sich allein nach dem Herzen zu richten, was der Kehrreim nicht müde wird zu wiederholen. Die Ehe Schöbel/Doerk hielt nicht lange.

Platz 20: Singende Kinder gibt es immer wieder. Die süße kleine Cornelia, die nach dem Krieg zum Wannsee rausfuhr, Heintje, Wilma, Anita ... es gab immer Gründe, sich aufzuregen. Und dann noch **Andrea Jürgens** aus Herne, jener Stadt, die uns auch Jürgen Marcus (*Eine neue Liebe ist wie ein neues Leben*) schenkte. Gerade mal elfjährig trug sie, die Andrea, 1978 den ›Problemschlager‹ *Und dabei liebe ich euch beide* vor, der dem beklagenswerten Umstand Rechnung trug, daß jede dritte Ehe geschieden wird und Kinder darunter zu leiden haben. Das Lied, das in unverstellter Heuchelei eine zerrissene Kinderseele bloßstellt, ließ kurzzeitig die Befürchtung aufkommen, Andrea Jürgens sei eine Wiedergängerin Heintjes. Zum Glück hielt der Rummel um sie nicht lange an, und als sie älter wurde, wollte keiner ihre neuen Lieder mehr hören. Das Scheidungslied kann man mit dreißig auch nicht mehr gut singen, und so erledigen sich manche Probleme von selbst.

Platz 19: Peter Maffay ist ein Großer, keine Frage, und *Du* gilt, auch wenn es der Künstler heute nicht

mehr so gerne hört, als Gipfelpunkt seines Schaffens. Im Gegensatz zu etlichen seiner Kollegen gelangen ihm auch danach eindrückliche Produktionen (*Josie*; *So bist du*). Unübertroffen ist indes das aus dem Jahr 1976 stammende *Und es war Sommer*, das in zarten Wendungen die erotische Initialzündung beschreibt, die einem 16jährigen durch die fraulich-erfahrene Zuwendung einer 31jährigen zuteil wird. Texter Christian Heilburg hat zweifelsohne sein Letztes gegeben, um diese ungewöhnliche Liebeskonstellation zu beschreiben. Allein die Vorstellung, daß die Frau »um die Schultern« nur »ihr Haar« trug, ist anschaulich in prickelnde Worte gefaßt; am gelungensten erscheint mir, im Naturauftakt des Liedes, die (durch das Reimwort »August« gelenkte) Wendung »Die Sonne brannte so, als hätte sie's gewußt«. Das wirkte alles nachhaltig und gab manchem Jugendlichen die beruhigende Erkenntnis, daß auch Frauen jenseits der Dreißig einiges zu bieten haben. Maffays Initiationslied ist auch als Echo auf die Französin Dalida zu sehen, die kurz zuvor in *Er war gerade 18 Jahr'* eine umgekehrte Konstellation beschrieben hatte. Aus beiden Schlagern spricht, bei genauerer Betrachtung, der Geist der frauenbewegten siebziger Jahre – oder in den Worten des Schlagerexegeten André Port le roi: »Beide Titel gehören zu den schönsten Schlagern der siebziger Jahre und stellen ihr Thema voller leiser Melancholie vor. Dalida war eine noch sehr attraktive Frau und gab ihrem Titel dadurch Glaubwürdigkeit und Würde. Peter Maffay zeichnet, wie Dalida, aus der Ich-Perspektive sein Porträt des Künstlers als junger Mann.« Potzblitz.

Platz 18: Fußballschlager hatten, wie bereits erläutert, in den sechziger Jahren Konjunktur. Die Norwegerin **Wencke Myhre** sang 1969 die Antwort auf Radi Radenkovics *Bin i Radi, bin i König*, zu einer Zeit, als es für Frauen noch keine Selbstverständlichkeit war, die Samstagnachmittage sinnlos im Stadion zu verbringen und die Scholls, Rickens, Beckhams und Deislers anzuhimmeln. In Wenckes liebem Liedchen *Er steht im Tor*, für dessen Text wiederum Shakespeare-Kenner Bradtke verantwortlich zeichnet, geht es um ein Mädchen, das sich in einen fangsicheren Torhüter verliebt, ihm zuliebe »alle Fußballregeln« auswendig lernt, zum »Maskottchen vom Verein« und zum »guten Engel« des Zerberus wird. Kulmination der Darbietung sind Chorstimmen aus dem Hintergrund, die klar machen, daß Doping im Fußballsport nichts zu suchen hat. Ein guter Spieler ist nur auf die liebende Frau angewiesen: »Vitamine, Traubenzucker, / so was braucht er nicht, / anstatt dessen schaut / sie ihm ins Gesicht«. Wie das während des Spiels gehen soll, bleibt ungewiß, da sich das Groupie schwerlich im Torraum postieren und unser Keeper wiederum das Auge nicht vom Geschehen abwenden darf, um ihr »ins Gesicht« zu sehen. Ob Texter Bradtke auch auf diesem Fachgebiet Nachhilfeunterricht nötig gehabt hätte? Ein Jahr später wagte sich das Gespann Myhre/Bradtke aufs Wasser: *Er hat ein knallrotes Gummiboot.*

Platz 17: Herz, Schmerz, so will es das Klischee, ist das Spezialgebiet des Schlagers. Daß es dennoch möglich ist, dieses Urthema unbekannte Funken schlagen

zu lassen, lehrt **Oliver Bendt**, der in *Was ich tat, tat ich nur für Maria* (1971) harte Töne anschlug. Der Song, eine recht textgenaue Tony-Christie-Übertragung, fordert ohne Umschweife zur Lynchjustiz auf. Maria, so Herr Bendt, sei (was stark verhüllt angesprochen wird) vergewaltigt worden und dabei zu Tode gekommen. Ihr Peiniger wird keine Chance erhalten, sich vor Gericht zu verteidigen; statt dessen greift das Lied-Ich zur Waffe (»aber sicher und leicht lag mein Colt in der Hand«) und macht kurzen Prozeß mit dem vermeintlichen Lustmörder, wohl wissend, daß deswegen auch für ihn das letzte Stündchen bald schlagen wird: »Es war still in der Stadt, / und die Straßen waren leer. / Es ging sauber und glatt, / ich war schneller als er«. So einfach regelte sich das früher im Wilden Westen, und daher rührt vielleicht die Sehnsucht des Schlagers, der es ja auch mit den einfachen Wahrheiten hält, Motive aus der alten Countryzeit auszuschlachten. Über Sänger wie Linda Feller oder Tom Astor werde ich hingegen hier kein Wort verlieren.

Platz 16: Bleiben wir ein bißchen bei Geschichten mit letalem Ausgang. Die Chance, einen erschütternd-geschmacklosen Schlager serviert zu bekommen, nimmt zu, sobald tragische Abläufe bedichtet werden. Dennoch geht gerade von diesen Liedern eine besondere Schauerattraktion aus. **Gunnar Welz** blieb es vorbehalten, als »Bestattungssänger aus Bad Bramstedt« in die Annalen einzugehen, ein seltenes und kein leichtes Schicksal. Seinen Ruf verdankt er einem einzigen Stück, dem Fünf-Minuten-Schmachtfetzen *Manuela*

(1971), der aus der Feder Drafi Deutschers stammt. Ohne jede Rücksichtnahme zieht der Refrain den Namen Manuela unendlich in die Länge, den Namen eines Mädchens, das in dunkler Nacht, nach einem Discobesuch, bei einem Autounfall starb. An ihrer Seite saß das Ich des Liedes, das mit weinerlicher Stimme den Unfallhergang und den Verlust der Liebsten schildert. Einen Meilenstein in der Gattungsgeschichte bildet dabei eine pompöse, orgelunterstützte Zäsur kurz vor Ende, die dem Zuhörer die fälschliche Sicherheit gibt, nun bereits sei es mit dem Lied und mit Manuela aus und vorbei. Von Gunnar Welz ward danach in der größeren Öffentlichkeit wenig gesehen. Wie die Presse berichtet, arbeitet er seit Ende der siebziger Jahre »wieder als Alleinunterhalter in der näheren Umgebung« von Bad Bramstedt: »Sein Repertoire besteht aus 130 Titeln. Er spielt auf der Bühne Gitarre und parodiert und imitiert Stimmen und Instrumente.« Ich möchte nur *Manuela* von ihm hören.

Platz 15: Und noch ein Stück zum Thema: Aus dem Schweizer Kanton Aargau stammt **Monica Morell**, die 1972 auf den Spuren von Gunnar Welz wandelte. *Ich fange nie mehr was an einem Sonntag an* lautet ihr leicht nachzusingender Erfolgsschlager, der von traurigen Dingen handelt. Dem Sonntag, in der kirchlichen Tradition der Fest- und Ruhetag der Woche, haftet ein Fluch an, denn ein solcher war es, der dem Ich, einem Mädchen, seinen »Glauben« nahm. Denn »Tommy«, der Geliebte, verunfallt, und Männer überbringen der jungen Frau die traurige Botschaft, was zur Haltung führt,

»nie mehr was« an einem Sonntag anzufangen, zumal es ausgerechnet ein Sonntag war, »als bei mir und Tommy die Liebe begann«. Die Logik des Gedankenganges ist nicht unmittelbar einsichtig, doch vergessen wir nicht, daß Monica Morell erst neunzehn Jahre zählte, als sie das Lied einer Hinterbliebenen aufnahm, und folglich steht am Ende auch die Einsicht in die Ohnmacht menschlicher Erkenntnisfähigkeit: »Liegt ein Sinn darin, ich werd' es nie versteh'n / denn das Leben wird immer weitergeh'n«. Die Melodie (von Pepe Ederer) schleppt sich eher eintönig über die Runden, so als habe die inhaltliche Leere der trauernden Heldin ihr musikalisches Äquivalent gefunden. Zwei, drei passable Lieder (*Später – wann ist das?*) hatte die in meiner Erinnerung langhaarige Monica danach, ehe sich der Schleier des Verschwindens über sie senkte. Was mag sie heute tun? Manchmal frage ich mich das, aber nicht lange.

Nicht nachgegangen bin ich bislang der Frage, welche Wochentage im Schlager bevorzugt aufscheinen. Samstag und Sonntag (*Samstag abend in unserer Straße*; *Immer wieder sonntags*; *Samstag nacht*; *Alle Tage Sonntag*; *An einem Sonntag in Avignon*) scheinen aufgrund ihrer Disposition für Ausschweifungen und Vergnügungen beliebt. Donnerstag- oder Mittwoch-Schlager wollen mir hingegen nicht einfallen. Ausgewogen gingen Vico Torriani und Renate Kern mit den Wochentagen um. Er vermochte sich nicht zu entscheiden und sang *Siebenmal in der Woche*, wohingegen sie in *Laß doch den Sonnenschein* erkannte: »Jeden Montag fängt die Woche an, und am Sonntag hört sie auf.« Es lohnt sich, dies in einer separaten Publikation zu erhellen.

Platz 14: Es gibt unscheinbare Schlager, die zu Evergreens werden, ohne daß man weiß, warum. **Bernd Spier**, einer aus der Peter-Kraus- und Ted-Herold-Ecke, hat sich mit einem ruhigen und zugleich trotzigen Bekenntnis in den Kanon gesungen: *Das kannst du mir nicht verbieten.* Die Situation ist geläufig: Mann will Frau, die ihn nicht so recht will, weshalb er alle Geschütze auffährt und im Falle Bernd Spier lebenslängliche Zuneigung schwört, auch wenn die Angebetete Rosen nicht annimmt und sich auch sonst sperrig zeigt. »Dich zu lieben alle Zeit auf der Welt«, das ist etwas, was die Frau nicht verbieten kann. Die Taktik des Mannes ist leicht zu durchschauen, und damals, 1963, standen die Chancen sicherlich günstiger als heute, damit zum Ziel zu kommen. Der Text stammt wieder von Hans Bradtke, der sich allmählich zum heimlichen Herrscher dieser Liste aufschwingt.

Platz 13: 1959 brach **Ivo Robic**, aus der Nähe Zagrebs stammend, auf, um die in seiner Heimat erzielten Erfolge in Deutschland zu wiederholen. Dunkel sein Haar, mit leicht fettiger Anmutung, die Stimme mit kräftigem Schmelz und rollendem »R« – so trat Ivo vor sein Publikum, das Ausländer, sofern sie sangen, gerne um sich hatte. In *Morgen*, seinem Erkennungslied, ging Robic einen Schritt weiter als viele seiner Kollegen, die von fernen, sonnigen Ländern schwärmten. Er sang von dem, was nirgends war, vereinte Utopie und Uchronie. »Morgen, morgen, morgen, morgen wird das alles vergehn. / Morgen, morgen, morgen, morgen wird das Leben endlich wieder schön«. Während seine Kollegen

von florentinischen Nächten säuselten, entzog sich Ivo radikal dem Inhaltlichen und war damit, im nachhinein betrachtet, seiner Zeit weit voraus. Zwar deutet sein bzw. Peter Moessers Text zaghaft an, was das karge Jetztzeitgefühl ausmacht (»Sind wir heute auch arm und klein, / sind wir heute auch ohne Sonnenschein, / sind wir heut auch noch allein), doch Reich- und Wachstum wird nicht plump und pauschal versprochen. Es bleibt konsequent vage: »Morgen, morgen lacht uns wieder das Glück.

1959 erschien Ivo Robic' Lied. 1959 lag Ernst Blochs philosophisches Hauptwerk *Das Prinzip Hoffnung* vollständig vor. »Ziel ist jene Gemeinschaft, wo die Sehnsucht der Sache nicht zuvorkommt, noch die Erfüllung geringer ist als die Sehnsucht«, heißt es dort – ein utopisches Bild, dessen Umsetzung in der Realität bekanntlich nicht so leicht von der Hand geht. Anders gesagt: Sehnsucht = Erfüllung, diese linksintellektuelle Aufbruchsgleichung ging in den folgenden Jahren nicht auf. Wie Bloch allen, die an die Realisierung des Guten weiterhin glauben wollten, eine feste Größe blieb, so taugte Robic als Beruhigungsdragee für die vom aufkommenden Wirtschaftswunder nicht direkt Beschenkten. Unser Mann vom Balkan blieb in seiner Spur: Die Aussicht auf ein schönes Morgen zu verheißen, ohne zu sagen, wo und worin das Schöne liegen wird, darin ruht die ästhetische Kraft der Robicschen Weltdeutung, die wiederum in klaren Traditionslinien steht. »Morgen, Kinder, wird's was geben«, tönt das, heiter gewendet, im Weihnachtslied, düster in der Horazischen Formel »Was morgen ist, frage nicht«, ver-

90

söhnlich in Ernst Negers Määnzer Fasnachtsdauer-
brenner *Heile, heile, Gänschen*. Auch Robic' zweiter
Plattenerfolg, die Drifters-Eindeutschung *Mit siebzehn
fängt das Leben erst an* (1960) vertraut auf dieses Rezept
und gibt einem blutjungen Ding den klugen Rat, »alles
nicht so ernst« zu nehmen und auf eine andere Zeit, den
17. Geburtstag (wie wir wissen ohnehin ein magisches
Alter im deutschen Schlager – Udo Jürgens! Chris
Roberts! Peggy March! Peter Kraus!) zu bauen.

Das zyklische Denken, das *Morgen* prägt, ist in
erstaunlicher Folgerichtigkeit entfaltet. Denn so
nebulös uns der prophezeite Jüngste Tag erscheint, so
unzweideutig ist die Botschaft, daß das morgige Glück
dem gestrigen ähnelt, gar gleicht: »Morgen, morgen
lacht uns wieder das Glück, / gestern, gestern liegt
schon so weit zurück, / war es auch eine schöne, schöne
Zeit.« Und: »Morgen, morgen kommt die schöne Zeit zu
uns zurück.« Das glückliche Gestern, das fade Jetzt, das
glückliche Morgen – ob diese geschichtsphilosophische
Deutung des Daseins auch auf die konkrete historische
Erfahrung der Deutschen, auf die Sehnsucht, im Spiel
der Weltmächte bald zu alter Größe zu gelangen, zu
beziehen ist, will ich hier nicht entscheiden. Etwas
Raum zum Nachdenken muß es in der Kunst geben.
Heute wie morgen.

Platz 12: Schön genug für einen »*Bravo*«-Starschnitt
war **Frank Farian** nie, und so erkannte er rechtzeitig,
daß es besser für ihn sein könnte, hinter den Kulissen zu
wirken und als Produzent (etwa von Boney M.) Millionär
zu werden. Manchmal jedoch nagte die Versuchung zu

stark an ihm, und er sang selbst, *Rocky* (1976) zum Beispiel, das wieder in die Tod-und-Trauer-Schublade des Schlagers gehört. Es handelt sich dabei um ein bewegendes Lied, das von der Liebe eines Mannes zu einer unerfahrenen 18jährigen (»Schmale Schultern, dunkles Haar und Augen voller Scheu«) berichtet. Allen Annäherungsproblemen zum Trotz werden die beiden sehr glücklich und Eltern eines reizenden Mädchens, was nicht verhindert, daß die Kindsmutter alsbald stirbt und der Vater allein mit seinem immer noch reizenden Mädchen zurechtkommen muß.

Was der Darbietung ihre unverwechselbare Note gibt, ist der als Wechselrede angelegte Austausch der Liebenden. Er, der singende Mann, zeigt sich souverän und welterfahren (»Kopf hoch, Baby! Lehn dich an mich! / Es wird schon irgendwie gehen«), während sie, mehr hauchend denn singend, Sätze aus dem Mund fallen läßt, wie sie sich nicht alle Tage finden: »Rocky, ich habe noch niemals geliebt. / Ich weiß nicht, ob ich das bringe. / Denn es gehört doch mehr dazu als ein Flirt und ein Paar Ringe«. Selbst angesichts des nahenden Dahinscheidens hält die – wir erinnern uns – zur Mutter gewordene Frau an ihrer Haltung fest: »Rocky, ich habe solche Angst zu sterben. / Ich weiß nicht, was da noch kommt. / Gibt es einen neuen Morgen in einer ander'n Welt?«

Die Antwort auf diese schwerwiegende Frage bleibt aus. Texter Hans-Ulrich Weigel steht damit in einer langen philosophischen Tradition, die sich mit dem Jenseits und dessen Beschaffenheit schwertat. Überhaupt scheint dieser Mann, der in den siebziger Jahren

allerlei textete, dafür geschaffen gewesen zu sein, die Dinge von ihrem Finale her zu sehen. Seine größten Erfolge handeln von derartig unschönen Ereignissen: Marianne Rosenberg (keine Sorge, die kommt noch) sang Weigels düsteres *Jeder Weg hat mal ein Ende* (»... jedes Glas bricht mal entzwei«), und die wunderbare Juliane Werding hatte, wieder mit Weigels Geleit, vom Tode des drogenabhängigen Conny Kramer zu berichten. Am besten freilich ist Herrn Weigel die Todesdarstellung in Frank Farians *Rocky* geglückt.

Platz 11: Männer, die Vertrauen einflößen, die eine breite Schulter zum Ausweinen haben, die zuhören können und überhaupt von großer Sanftmut geprägt sind, zählen zu den seltenen Exemplaren ihrer Spezies. Ein solcher Prachtkerl ist **Roger Whittaker**, den es schon immer gegeben zu haben scheint und der nie aufhören wird, vom Leben gepeinigte Frauen davon zu überzeugen, daß es nicht immer vergeblich ist, an das Gute im Mann zu glauben. Whittaker, mittlerweile auch schon im Rentenalter, wirkt in seiner bärtigen Plüschigkeit zeitlos, ein wenig wie Erich Schiller, Mutter Beimers zweiter Gefährte in der *Lindenstraße*. Es tut an dieser Stelle nicht not, Whittakers Gesamtwerk aufzufächern. Überwältigende Knüller hat er ohnehin nicht vorgelegt. Konstanz ist sein Markenzeichen, und in diesem Bestreben gelangen ihm dann Sachen wie *Abschied ist ein scharfes Schwert* (1984), das in vielen Lebenssituationen einsetzbar ist und nicht ganz so schroff klingt wie Katja Ebsteins *Abschied ist ein bißchen wie sterben*. Manchmal freilich ist mir Roger Whittakers

gütiges Lächeln nicht geheuer. Ob dieser Mann nicht etwas zu verbergen hat? Abgründe, Triebe, Obsessionen, Schulden? Auch Erich Schillers düsterer Charakter offenbarte sich erst nach vielen *Lindenstraßen*-Folgen.

Platz 10: In Italien hält sie sich bis heute als unnahbare Grande Dame des Geschäfts. In Deutschland ist **Mina**, die »Tigerin von Cremona«, die geniale Interpretin der genialen Story vom *Heißen Sand* (1962). Einen schwerblütigen, düsteren Text schrieb ihr Kurt Feltz da, eine Tragödie, in der es irgendwie – so genau läßt sich das auch nach vielfachem Hören nicht entscheiden – um Eifersucht, Familienehre geht, um einen ungeklärten Todesfall und um eine undurchschaubare Frau, Nina genannt, die sich zwischen zwei Männern, Rocco und Tino genannt, offenbar nicht entscheiden kann. Das alles wird von einer sich dahinschleppenden Musik getragen und von einer Stimme gesungen, die uns auffordert, alles liegen und stehen zu lassen, aufzubrechen zu Mina & Nina nach Süditalien, wo nicht nur der Sand heiß ist und die »Wellen leise singen« ...

Platz 9: Wenn ein Hit nach über dreißig Jahren als – wie es die Schriftstellerin Brigitte Kronauer nannte – »frohlockend aufrauschende Leibhymne« der Deutschen gilt, dann muß etwas an ihm dran sein. *Marmor, Stein und Eisen bricht* (1965) von **Drafi Deutscher** ist so eine Wiedererkennungsfanfare, die – eine Aufgabe für Allensbach – die Mehrzahl der »Bürgerinnen und Bürger« (Johannes Rau) mühelos auf offener Straße zitieren könnte. Sie hat alle Anfeindungen, die ihr

Interpret im Lauf der Jahre erfahren hat, überstanden, und auch die grammatikalische Unsauberkeit, die das Verb im Titel fälschlich in den Singular setzt, beeinflußte die Verkaufszahlen nicht nachweislich. Was für Hürden hätte Texter Günter Loose auch zu überwinden gehabt, wenn der korrekte Plural »brechen« das Strophengefüge durcheinandergewirbelt hätte? Die bündige Fortführung »aber unsere Liebe nicht« wäre aufgrund der Reimerfordernisse völlig neu zu konstruieren gewesen. Was hätte sich mit »Marmor, Stein und Eisen brechen« auch anfangen lassen – irgend etwas mit »versprechen«, »stechen« oder »zechen« vielleicht? Grammatik und Schlager, das ist ohnehin eine windschiefe Paarung; die Notwendigkeit zur Eingängigkeit und die Melodievorgabe führen oft zu eigenwilligen, von der DUDEN-Redaktion kaum zu tolerierenden Lösungen. Günter Loose ist übrigens auch das neckische, von Caterina Valente dargebrachte *Itsy Bitsy Teenie Weenie Honolulu Strandbikini* zu verdanken, während die mutige Inversion in *Vom Stadtpark die Laternen* Kurt Feltz eingefallen ist.

Konjugation hin, Konjugation her – Drafis Schlager von der unverbrüchlichen Liebe hört sich gut an bis hinein in die Schlußstrophe, die einen sprechenden Ring auftreten läßt (»Nimm den goldenen Ring von mir, / damdam, damdam, / bist du einsam, / dann sagt er dir: / ›Marmor ...‹«). Putzig übrigens auch die fremdsprachigen Versionen, etwa wenn der von Französischkenntnissen unbelastete Drafi sich mit Zeilen wie »une pierre peut un jour se briser, / mais ce n'est pas comme notre amour« abquält. »Dom, dom«, wie die Pariser sagen.

Platz 8: Sie ist wie ein Diogenes-Buch. Unverändert, über Jahrzehnte hinweg, wirkt ihr Äußeres und ist zum Markenzeichen geworden, das keiner Retuschen aus der PR-Abteilung bedarf. Kleine, unmerkliche Veränderungen hat es gegeben, doch dank ihrer Hauptmerkmale – langes Ebenholzhaar und eine großformatige, schwarze Brille, deren Gestell bisweilen aussah, als habe es die Barmer Ersatzkasse gesponsert – ist **Nana Mouskouri** schon von weitem als »brand«, als Nana Mouskouri zu erkennen, so wie ein Diogenes-Buch eben. Die gebürtige Griechin kann singen, auch wenn sie ihr Talent in Deutschland zuhauf an Durchschnittsware vergeudete. Aber: nichts gegen die *Weißen Rosen aus Athen* (1960), diese mit Bouzoukitönen grundierte Trost- und Kraftspende, die die daheimgebliebene Frau dem fortfahrenden Matrosen mitgibt: »Weiße Rosen aus Athen sagen dir: ›Komm recht bald wieder‹«. Auch die Floristen zeigten sich über diese werbewirksame Maßnahme erfreut; das Spektrum liebestauglicher Blumen, bis dahin vor allem auf *Tulpen aus Amsterdam* (1956) beschränkt, wurde merklich erweitert.

Nana Mouskouri ist heute »kultig«, »hip« und »in«; Dame Edna feierte sie als »Songbird of the Acropolis«, und Funny van Dannen widmete ihr eines seiner wehmütigsten Lieder. Darin erzählt er, wie junge, dynamische Yuppies aus der Immobilien- und Sportbranche sich heimlich in Nana-Mouskouri-Konzerte schleichen und noch heimlicher ein paar Tränen verdrücken. Ja, Gefühle lassen sich nicht dauerhaft verstecken.

Noch lieber als das Rosenlied ist mir Nanas *Die alte Mühle und der Wind*, das, so sagt mir mein akustisches

Gedächtnis mit »schon lange unsere Freunde sind« weitergeht.

Platz 7: Verheiratet ist **Margot Eskens** mit dem Schuhcreme-Fabrikanten Karl-Heinz Münchow, der es sich kraft seiner Multibegabung nicht nehmen läßt, ihr bis heute andauerndes Schaffen persönlich zu fördern und zu verwalten. In einem vielsagenden Gespräch mit dem Fachorgan *Memory* warnte er 1996: »Ich kann mir nicht vorstellen, daß irgendwer etwas über Margot Eskens schreibt, ohne mich vorher zu informieren und sich die Genehmigung zu holen« – woran wir uns, nach Rücksprache mit der Rechtsabteilung des Deutschen Taschenbuch Verlags, natürlich nicht gehalten haben.

Also, frei von der Leber weg: Fräulein Eskens' Karriere begann 1956, im unbedarften Alter von zwanzig Jahren, mit dem Liedchen *Tiritomba*, das heute so alt klingt, wie es ist. Freilich: Auch von altmodischen Kaffeekannen oder rosa Häkeldeckchen geht mitunter ein feiner Reiz aus, und so strahlt die einprägsame Weise mit ihrer schlichten Erzählung von Reigentanz und Ringleintausch im Monat Mai viel Niedliches aus.

Das stärkste Pfund, mit dem das Liedlein wuchert, ist das titelgebende Zauberwörtchen »Tiritomba«, das spielerische italienische Leichtigkeit verheißt. Was mag dieser an Eichendorff und seine romantischen Gesellen erinnernde Wohlklang bedeuten? Nichts womöglich? Gar nichts? Schwer zu sagen, denn selbst Rückfragen bei in Mailand wohnenden Einheimischen blieben ohne Ertrag. Das italienische Verb »tombare« = »fallen« mag man darin sehen oder das Zwitschern eines jener in

97

Italien so bedrohten Singvögel, doch bringt das weiter? Und Gedankensprünge, die zum Skihasardeur Alberto Tomba führen, wären allzu anachronistisch. Vielleicht sollte man davon Abstand nehmen, hinter allem Sinn zu vermuten.

Sinnarme Texte hat Margot Eskens auch in ihrer weiteren Laufbahn von sich gegeben, am überzeugendsten in *Nur eine Mutter weiß, wo Honolulu liegt*. Als die Erfolge nachließen, verlegte sie sich, nun stark erblondet, auf volkstümliches Liedgut, vornehmlich im maritimen Bereich verankert. Auch von »versteckten Kameras« wird sie ab und zu verfolgt, aber wer wird das heutzutage nicht? Dem Gatten gebührt das Schlußwort: »Margot Eskens ist Margot Eskens, damals so wie heute.«

Platz 6: Connie Francis – das wurde im Vorangegangenen deutlich – kann man nicht genug preisen, allein schon wegen der absonderlichen Methoden, mit denen sie ihr dunkles Haar aufzurichten pflegte. *Laß mich gehn* ebnete, nach Bill Ramseys *Pigalle*, meinen Weg zu diesem Buch, und die Zahl ihrer weiteren erinnerungswürdigen Schlager ist stattlich. *Paradiso* etwa, *Schöner fremder Mann* (getextet von Camillo Felgen), *Barcarole in der Nacht* und natürlich *Die Liebe ist ein seltsames Spiel* (1960). Im Original hatte das *Everybody is Somebody's Fool* geheißen, und mit dem deutschen Text vollbrachte Ralph Maria Siegel nach den *Capri-Fischern* noch einmal ein Meisterstück.

Es ist hier nicht Zeit und Raum, Connie Francis' Qualitäten mikroskopisch zu würdigen, doch zumindest ein Vers aus *Die Liebe ist ein seltsames Spiel* bedarf der

tiefschürfenden Analyse. Der Schlager, der den zentralen Gegenstand des Genres schlechthin, die Liebe, in ihren Grundfesten angreift, ist ganz auf seinen dreifach repetierten Refrain konzentriert. Den Höhepunkt bildet dabei ein Aussagesatz, der die Liebe so kennzeichnet: »Sie nimmt uns alles, doch sie gibt auch viel zu viel.« Seien wir ehrlich, das ist mehr als rätselhaft, das ist dunkel, kühn und hermetisch, wie es die Lyrikforschung formuliert. Daß die Liebe in der Lage ist, den von ihr Befallenen »alles« zu nehmen, ist einsichtig und ein beliebtes Motiv der Weltliteratur. Würde es sich bei Connie Francis' Lied um einen aufbauenden, von glücklicher Liebe tönenden Beitrag handeln, so wäre es folgerichtig, wenn auf die Konjunktion »doch« ein ermunterndes »sie gibt auch viel« folgte. Daran ließe sich nicht rütteln, das würde, wieder einmal, demonstrieren, daß alles im Leben seine zwei Seiten hat und auch die Liebe ein gegenseitiges Nehmen und Geben ist, »heute so, morgen so«, wie es Roberto Blanco ausdrückte. Genau dies wollen Frau Francis und Herr Siegel jedoch nicht sagen. Der Gegensatz des »doch« führt zu einer viel schrecklicheren Erkenntnis: Die Liebe ist nicht nur grausam im Nehmen, im Entreißen, im Zerstören, nein, auch als gebende Kraft überfordert sie die Menschen, weil sie »viel zu viel« bereit hält, weil der simpel gebaute psychische Apparat der Liebenden gar nicht befähigt ist, das große Maß echter, wahrer Liebe aufzunehmen. So oder so, die Liebe überfordert alle, und es ist das beklemmende Geschick von Interpretin und Dichter, diese nihilistische, alles (und auch den Schlager selbst) in Frage stellende Einschätzung ins Gewand einer

harmlosen Melodie verpackt zu haben. Wer freilich genau zuzuhören vermag, wird in Connie Francis' leicht zitternder Stimme die Ahnung einer unermeßlichen Trauer, eines Weltekels spüren.

Platz 5: Noch einmal sei kurz von ihm gesprochen, von **Christian Anders.** Ein Gesamtüberblick über sein Wirken und Schaffen wurde bereits in einem früheren Kapitel skizziert. Die Schau des Ganzen sollte nicht den Blick auf die charmante Kleinigkeit, auf die subtilen Nuancen der Anders/Jayschen Texte versperren. In *Einsamkeit hat viele Namen*, dem Barzel-Nachgesang, zeigt der Schlager, worin einer seiner effektvollsten Fertigkeiten liegt. Gezwungen durch die zeitliche Beschränkung, hat er mit knappen, komprimierten Aussagen und rhetorischen Mitteln auszukommen. Was Schriftsteller wie Martin Walser, Sten Nadolny oder Sibylle Berg in zentnerschweren Epen austreten und auswalzen, fängt der gelungene Schlager in einer einzigen Sequenz ein. Beziehungsdramen zum Beispiel, 500-Seiten-Texte sind ihnen gewidmet, Seiten, in denen umständlich, komplex und doch sensibel von verlassenen Partnern, wiedergefundenem Frohsinn oder ewiger Ödnis gesprochen wird. Daß sich das alles auch schlichter und dennoch nicht minder packend erzählen läßt, beweist Anders' Einsamkeits-Klage in einem einzigen fulminanten Halbdialog: »Ich hab' gesagt: ›Geh, wenn du willst.‹ – Darauf bist du gegangen.« So einfach lassen sich Trennungsaugenblicke wiedergeben, so wenig Schnickschnack braucht es, um den Anfang einer Lebenskrise in Worte zu fassen. Die achtlos hingeworfe-

ne Aufforderung des Mannes wird von der Frau – hier muß offensichtlich bereits im Vorfeld das eine oder andere vorgefallen sein – als Einladung verstanden. Sie geht, und er kann sehen, wo er bleibt. Ohne Frage: Das ist sprachlich extrem konzentriert und dadurch so wirkungsvoll.

Wir wünschten uns, daß sich viele Gegenwartsromane an diesem Vorbild orientieren würden.

Platz 4: Ein Rudi Schuricke allein konnte die um 1950 lodernde Fernweh-Welle gar nicht befriedigen. Und so fand sich mit **René Carol** ein würdiger Assistent, der mit vergleichbar altmodischer Attitüde vom Zuckerhut, vom Hafen von Adano und vor allem von roten Rosen, roten Lippen und rotem Wein schwärmte. Das alles braucht uns nicht weiter aufzuhalten, gäbe es da nicht dieses eine (auch von Camillo Felgen gesungene) Lied, das in mythische Tiefe vordringt, natürlich ohne es zu wissen. *Deinen Namen, den hab' ich vergessen* (1954) heißt es, und trotz seiner Textarmut – die Streicher haben viel Arbeit, um das Ganze auf dreieinhalb Minuten zu strecken – sagt es vielerlei. Festgehalten ist die (zumindest in der gesitteten Adenauer-Gesellschaft) merkwürdige Situation, daß sich ein Mann den Namen einer Schönen nicht merken kann und sie deshalb nicht mehr findet. Das ist um so bitterer für ihn, da ihre Küsse wohlschmeckend waren: »... deine Küsse vergesse ich nie«. Der Schlager dient hier als Flaschenpost, als eine Art Suchanzeige; vielleicht ja hat das Kußwunder ein besseres Erinnerungsvermögen und vermag den Kurzzeitpartner an der Stimme zu erkennen. Auf jeden

Fall kann und soll sie, so Carol, die »Sehnsucht ermessen, mit der suchend durchs Leben ich zieh'«.

Namen sind – die Kulturgeschichte lehrt das – keineswegs Schall und Rauch. Sie bannen das Wesen des Menschen, prägen ihn, stiften Identität oder zerstören sie. Namenlosigkeit ist eine Verlusterfahrung, eine Gefährdung von höchster Bedeutung. Der oder die nicht mehr zu Benennende läuft Gefahr, seines eigenen Ichs verlustig zu gehen. Den eigenen oder den fremden Namen zu vergessen, zu verschweigen oder zu verleugnen – darin liegt eine Spannung, die die Literatur in unendlichen vielen Geschichten aufbereitet hat. Rumpelstilzchen etwa verdankte seine Macht allein dem Umstand, daß keiner seinen putzigen Namen wußte, und Odysseus trickste den Riesen Polyphem dadurch aus, daß er sich »Niemand« nannte. Die diesem zu Hilfe eilenden Kyklopen hörten die Klage »Freunde, Niemand sucht mich mit List und Gewalt zu ermorden« und entfernten sich unverrichteter Dinge.

Kehren wir zu René Carol und der namenlosen Frau im deutschen Schlager zurück. Weibliche Wesen werden, sobald sie von Männern angesungen werden, mit lieblos hingeworfenen Namen bedacht. Maria, Judy heißen die dann, wenn nicht ohnehin auf Formeln wie »Liebling«, »Darling«, »Honey« oder das austauschbare Personalpronomen »Du« ausgewichen wird. Individuellere Lösungen wie Gerd Böttchers *Für Gaby tu' ich alles* sind selten. »Wessen Name ausgesprochen wird, der lebt«, sagt ein ägyptisches Sprichwort, und vor diesem Hintergrund erscheint es als frauenverachtende Nachlässigkeit, wenn der (vermeintlich) liebende Mann

102

sich nicht einmal den Namen der (vermeintlich) Liebsten merken kann.

Von René Carol führt ein ganzer Bilderbogen dieses Motivs durch die Schlagergeschichte. Zwei Beispiele: Drafi Deutschers *Honey Bee* (1966) klagt, allerdings in sehr munteren Beat-Tönen, über ein ähnliches Mißgeschick: Eine Tanzbekanntschaft – »Ho-ho-ney bee hab' ich sie genannt, / denn ihren Namen, den hab' ich nicht gekannt« – bleibt eine flüchtige Tanzbekanntschaft, weil der sinnlich berauschte Mann an das Naheliegende wieder einmal nicht dachte. Immerhin: Seit René Carol sind gut zehn Jahre ins Land gegangen, und die Männer intensivieren ein wenig ihre Anstrengungen, die namenlos Gebliebenen zu finden. Zog Carol planlos irgendwie »durchs Leben«, gibt Drafi Deutscher an und vor, »überall in jedem Haus der Stadt« zu suchen. 1969 sind wir wieder einen Schritt weitergekommen: Michael Holms *Mendocino* erzählt, diesmal auf kalifornischem Grund situiert, von der herrlichen Tramperbegegnung mit einem Mädchen, dessen Haare von »zwei goldenen Spangen« gehalten wurden. Wenig später das gleiche Elend: »... doch dann vergaß ich leider ihren Namen« – worauf der dusselige Mann das scheinbar Unmögliche angeht, und in der Künstlerstadt einer erfüllenden Tätigkeit nachgeht: »An jeder Tür klopf' ich an, doch keiner kennt mein Girl in Mendocino.«

Immerhin: Seine Chancen stehen nicht ganz schlecht, denn nach heutigen Angaben wohnen gerade mal 1000 Menschen im Stadtkern und rund 80.000 im County von Mendocino, und vor dreißig Jahren werden es vermut-

lich nicht viel mehr gewesen sein. Für einen wirklich verzweifelten, suchenden Menschen kein Problem also, alle Häuser abzuklappern und nach goldenen Spangen Ausschau zu halten. Andererseits: Bereits wenige Jahre später besang Herr Holm Frauen, die Maddalena oder Lucille hießen. Der Fahndung nach der blonden Hitchhikerin scheint demnach kein Erfolg beschieden gewesen zu sein. Oder das Von-Tür-zu-Tür-Gerenne war dem Typen nach ein paar Stunden zuviel.

Platz 3: Auch mit ihm bin ich groß geworden. Anfangs war er Sprecher bei Radio Luxemburg, dann als Moderator des TV-Wettkampfs *Spiel ohne Grenzen*, bei dem sich verschiedene kleinere europäische Städte (das bayerische Eichstätt zum Beispiel) in kunterbunten Open-air-Gefechten miteinander maßen. Einmal verfolgte ich die Sendung zusammen mit meiner Schwandorfer Tante Marerl, und wir konnten uns angesichts der Schmierseifenorgie, die gestandene Männer wie Fallobst von Balken und Stangen stürzen ließ, vor Lachen nicht mehr halten. Das war ein lustiger Abend und wohl auch der Beweggrund für meine Anteilnahme an **Camillo Felgens** musikalischem Schaffen. Als »Camillo« ist der gebürtige Luxemburger dank *Sag warum* (1959) noch heute vielen Franzosen ein Begriff, und seine Ode an die alternden Mütter, *Ich hab' Ehrfurcht vor schneeweißen Haaren* (1972), kann es mit Heintje getrost aufnehmen. Vor Jahren fing ich, in Zeiten berufsbedingter Abwesenheit, damit an, meine Mutter an ihrem Ehren-, dem Muttertag, damit zu beglücken, ihr dieses Camillo-Lied telefonisch nahezubringen: »Ich

hab' Ehrfurcht vor schneeweißen Haaren, / sie verschönen der Mutter Gesicht. / Und sie krönen die Arbeit von Jahren / und ein Leben voll Treue und Pflicht.« Natürlich hat sich meine Mutter, deren Haar dunkelblond ist, zunächst gegen die Verlogenheit der – von Camillo Felgen selbst getexteten – Andachtsformeln gesträubt, doch mittlerweile will es mir so scheinen, als wäre ein Muttertag ohne dieses Lied ein verlorener Muttertag für sie.

Ein anderer Schlager Camillos, *Ferne und Einsamkeit* (1970), besticht gleich am Anfang durch ein Stilmittel, dem die Gattung viel, wenn auch meist viel Markerschütterndes verdankt. Camillo Felgen beginnt sprechend, und zwar mit: »Ich kann mich noch heute an die Worte erinnern, die du mir sagtest, als diese blonde Sirene vorbeiging und ich ihr nachblickte ...« Eine unwiderstehliche Frau als »Sirene« zu bezeichnen, das mag unter Gräzisten üblich sein, im Schlager findet sich diese Wendung ausgesprochen selten, und es ist die Erzählform des Sprechgesangs, die diese Sätze wirken läßt, als gefröre einem das Blut in den Adern. Diese Erscheinung ist fast immer zu beobachten, wenn ein Schlager durch aufgesagte Elemente, meist nur schwach von Musik untermalt, an Dramatik gewinnen soll. Was im Fluß des Gesungenen nicht sonderlich auffällt, erfährt jählings einen unbekannten Grad von Peinlichkeit.

Die schrecklichen Beispiele sind nicht zu zählen: Peter Alexander ist am furchtbarsten, wenn er mit Wiener Färbung Elvis Presleys *Bist du einsam heut nacht* spricht (worauf moderne Frauen mit dem

105

Schreckensausruf »Ja – und das gerne« antworten). Michael Holm gibt seinem *Tränen lügen nicht* den tödlichen Kick, wenn er zu einer »Reflexion in Prosa« (so die Literaturkritikerin Julia Schröder) ansetzt: »Sag doch selbst, was wirst du anfangen mit deiner Freiheit, die dir jetzt so kostbar erscheint? Wie früher mit Freunden durch Bars und Kneipen ziehn? Und dann, wenn du das satt hast, glaubst du, das Glück liegt auf der Straße, / und du brauchst es nur aufzuheben, wenn dir danach zumute ist? Nein, nein, mein Freund ...« Oder Jürgen Marcus in *Schmetterlinge können nicht weinen* (guter Titel). Oder Lale Andersen in einer langen Passage in *Ein Schiff wird kommen*, in der sie gar das Ausblasen von Zigarettenrauch imitiert. Oder Christian Anders in *In den Augen der andern* (»So viele gehen nach kurzer Zeit auseinander, sie haben Küsse bei heißer Musik mit Liebe verwechselt. Wir wollen das nicht tun, wir wollen sicher sein«). Der Sprechgesang ist das Gleitmittel des Schlagers. Und er retardiert zugleich, gibt durch den Wechsel der Ausdrucksform das Gewicht des Gesprochenen zu erkennen. Und immer wieder tritt merkwürdigerweise diese Reaktion des Körpers ein: Eisig läuft es mir den Rücken hinunter, bei jedem Sprechgesang.

Davon zu unterscheiden sind Lieder, die so tun, als sei das gesprochene Gesungene das Normale. Zu diesem Kunstgriff neigen Menschen, die wie Pierre Brice erwiesenermaßen nur hauchen können, die wie Jonny Hill (*Ruf Teddybär eins-vier*) mal etwas anderes ausprobieren wollen oder die wie Friedrich Schütter aus der Schauspielerei kommen und meinen, geistesärmste Texte

durch ihren prononcierten Vortrag retten zu können. Schütter, Ben Cartwrights deutsche Stimme, wurde vor allem mit *Desiderata* (1974) auffällig, einer Art Gebet, das meiner Tochter Annalena, 13 Jahre, fassungsloses Kopfschütteln entlockte: »Papa, wer will denn das hören?« Antwort mußte ich ihr schuldig bleiben.

Platz 2: Über sie ist viel geschrieben worden, vor allem nachdem sie in den achtziger Jahren von den Schwulenszenen (wieder)entdeckt wurde. Zeichner Ralf König verewigte sie in seinen *Beach Boys*, und Lieder wie *Er gehört zu mir* eigneten sich plötzlich zum schwulen Outing. Verlobt war **Marianne Rosenberg** mal mit Ilja Richter, von dem übrigens – es sei nicht vergessen – das reimstarke Lied *Eine Goldmedaille für deine Supertaille* stammt, und begonnen hat sie 1970 mit dem piepsigrührenden *Mr. Paul McCartney* (»... weißt du, wie ich leide?«), das das plastische Bild enthält, die Sehnsucht nach einer Reaktion (auf zwölf Briefe auf »rosa Briefpapier«!) des Beatles-Sängers sei so »groß wie das Bild von dir an meiner Wand«. So wie in diesem frühen Werk Konkretes und Abstraktes zu einem Ensemble zusammengeführt werden, so verblüfft *Marleen* (1976) mit überzeugenden Konfliktlösungsangeboten in schwierigen Beziehungskonstellationen. Texter ist, wie bei *Er gehört zu mir* Christian Heilburg, ein Spezialist für ungewöhnliche Begegnungen (siehe Platz 19: Peter Maffay, *Und es war Sommer*).

Worum geht es in *Marleen*? Eine Frau, ihrem Partner innig verbunden, sieht ihre Beziehung durch eine sich nähernde Konkurrentin gefährdet. Diese ist, zumindest

in den Augen der Bedrohten, ungemein attraktiv: Ihr Haar glänzt wie ein »Sternenfeld«, und – alle Achtung, Herr Heilburg! – wie »Blumenduft ist jedes Wort, das über deine Lippen kommt«. Der Metaphernreichtum möchte eines zeigen, das ist klar: Die angestammte Gefährtin hat es verdammt schwer, es muß mit aller Raffinesse, also auch mit einem vermeintlich unterwürfigen Angesang der Widersacherin gearbeitet werden. Frauen unter sich. Der Gang der Argumentation ist subtil: Der Refrain besteht aus einem Vorschlag, der einfacher nicht sein könnte, jedoch merkwürdigerweise in der Geschichte von Dreiecksbeziehungen selten realisiert wird: »Marle-en, / eine von uns beiden muß nun ge-hen. / Marle-en, / drum bitt' ich dich: Geh du, Marle-en!« Ja, damit wäre der Konflikt beseitigt, die Kontrahentin räumt freiwillig und umgehend das Feld, eine liebevoll vorgetragene Bitte genügt – und die alten Verhältnisse sind wiederhergestellt.

Indes: Obwohl der Schlager über vier Minuten Länge hat, kommt die Sache nicht voran. Ja, je länger sich alles hinzieht, desto größer der Unwille der Interpretin, sich auf die noble Art mit der anderen auseinanderzusetzen. Zum selbstverständlichen Repertoire der Kriegsführung gehört es, der eindringenden Frau vorzuwerfen, es mit der Liebe nicht ernst zu meinen, das Ganze nur als »Zeitvertreib« zu sehen. Und kurz vor Liedschluß, nach einem hochinteressanten zum Sprechgesang tendierenden Intermezzo, ist die Sängerin mit ihrer Geduld am Ende: »Marle-en / du mußt ge-hen«. Ach, Marianne, dieser taktisch ausgeklügelte Song hat dazu geführt, daß ich allen Frauen, die Marle-en

108

heißen, reserviert gegenüberstehe. Viele sind das nicht, aber ich bin auf der Hut.

Platz 1: Auf Fotos sieht sie sich immer ähnlich: ein patentes, adrettes, kurzhaariges, unkompliziertes, lebensfrohes, kumpelhaftes, meist behostes Mädchen, eines von der Sorte, mit denen Männer früher Pferde stehlen gingen und denen man, wenn es unbedingt nötig war, sein Herz öffnen konnte. **Renate Kern** strahlte nie Sinnlichkeit, Erotik oder gar Verruchtheit aus, und vielleicht lag es daran, daß sie zwar respektable Verkaufszahlen und Hitparadennotierungen erreichte, jedoch nie zur Crème de la crème des Metiers gehörte. 1991, nach einem vergeblichen Versuch, als Country-Sängerin Nancy Wood wieder Fuß zu fassen, beging sie Selbstmord.

Ihre bekanntesten Schlager leben, dem Image gemäß, von kräftig rhythmisiertem Frohsinn. Als Mutmacherin sang sie *Alle Blumen brauchen Sonne, Lieber mal weinen im Glück* (»als alleine sein«) oder *Laß doch den Sonnenschein* (»... in dein Herz hinein«), darin finden sich übersichtlich gestrickte Weisheiten wie »Sieben Tagen voller Einsameit, so ein Leben gibt dir nicht sehr viel«. Wer würde da nicht zustimmen, Renate? Am besten hat mir immer die (von Kai Warner, James Lasts Bruder, komponierte und von ihr selbst getextete) Von-Frau-zu-Frau-Aufforderung *Du mußt mit den Wimpern klimpern* (1968) gefallen. Diese geht, durch den Binnenreim verstärkt, von dem bereits seinerzeit konstatierten demographischen Umstand aus, daß in Deutschland allenthalben und vor allem auf dem Tanzboden (so sagte man damals) ein Frauenüberschuß

zu – je nachdem – beklagen oder zu begrüßen war. Diese Konkurrenzsituation (die, wir sahen es, auch Marianne Rosenberg in *Marleen*, beschäftigte) zwingt zu unkonventionellen Aktionen. Wie Renate Kern trotz ihrer Jugend – sie zählte erst 23 Jahre – erkannte, genügt die althergebrachte Kampfausstattung selbst bei der »allerersten Party« nicht mehr: »schicke Beine«, »lange Haare« und ein »hübsches Kleidchen«, alles schön und gut, doch der zu erobernde Mann findet dies im Überfluß vor, und deshalb gilt es, sich im gestischen Bereich Ungewöhnliches einfallen zu lassen: »Du mußt mit den Wimpern klimpern, / wenn ein Boy dir gut gefällt. / Wie soll er dich sonst bemerken, / wie um alles in der Welt?«

Renate Kern steht damit, eventuell ohne sich dessen bewußt zu sein, in einer – wie die Philologen sagen – intertextuellen Kette mit sehr unterschiedlichen literarischen Äußerungen. Ihr Appell »Klimp're, was die Wimper hält«, in dem der Schlager gipfelt, bezieht sich wortgetreu – wer hätte es nicht bemerkt! – auf Gottfried Kellers Abendlied, das mit der Strophe schließt: »Doch noch wandl' ich auf dem Abendfeld, / Nur dem sinkenden Gestirn gestellt; / Trinkt, o Augen, was die Wimper hält, / Von dem goldnen Überfluß der Welt«. Bei aller Verwandtschaft, die Renate Kern und Gottfried Keller verbindet, kann Trennendes nicht übersehen werden. Beide situieren ihre Verse in den abendlichen Raum, doch Kellers lyrisches Ich, das sich an die »Augen«, die »lieben Fensterlein«, richtet, zielt darauf, möglichst viel vom sinnlichen Reichtum der Welt in sich aufzunehmen. Der bei ihm angesprochene »Überfluß« hat wenig mit

dem bei Renate Kern thematisierten Frauenüberschuß zu tun. *Du mußt mit den Wimpern klimpern* ist deutlich aktivischer ausgerichtet, das Ich setzt die Augen ein, um Aufmerksamkeit zu erregen; es genügt, ein Jahrhundert nach Keller, offenbar nicht mehr, die Welt still in sich aufzusaugen. Renate Kerns Welt ist handlungsbetont, ganz abgesehen davon, daß die schummrige Beleuchtung eines Tanzlokals wenig Außenreize abgibt, von den Männern wiederum abgesehen.

»... was die Wimper hält« – der einfache Rückgriff des Schlagers auf die Lyriktradition macht Renate Kerns Virtuosität aus. Vielleicht erschien manchem dies als zu intellektuell, zumal wenn man berücksichtigt, daß die Wimpernmetapher, in der Zeit zwischen Keller und Kern, von ganz anderer Seite aufgegriffen wurde. 1928 wurde der von Charles Amberg getextete Schlager *Ich reiß' mir eine Wimper aus* veröffentlicht. Dieser zeigt auf brutale Weise, wie das neckische Wimpernspiel in den Jahren der »Neuen Sachlichkeit« pervertiert wurde. Ein angesehener Käferforscher sieht sich darin der übelsten Bedrohung durch ein ihm nahestehendes Fräulein Meyerbeer ausgesetzt: »Ich reiß' mir eine Wimper aus / und stech dich damit tot! / Dann nehm' ich einen Lippenstift / und mach' dich damit rot! / Und wenn du dann noch böse bist, / weiß ich nur einen Rat: Ich bestelle mir ein Spiegelei und bespritz' dich mit Spinat!« Mit Gottfried Kellers und Renate Kerns Feinsinnigkeit hat das herzlich wenig zu tun.

Die Sendezeit geht zu Ende; für einen Schnelldurchlauf meiner 37 Lieblinge reicht es leider nicht mehr.

Ein Abend mit Howie

Ich gehöre, wie erwähnt, nicht zu jenen Schlagerenthusiasten, die ständig Körper- oder Sichtkontakt mit Sängerinnen und Sängern suchen. Aus der Ferne zu huldigen ist manchmal auch schön. Dennoch: Ab und zu muß der Gefahr möglicher Entrückung vorgebeugt werden, und dann heißt es, stark und tapfer zu sein – und auch vor einem Abend mit Howard Carpendale nicht zurückzuschrecken.

Norddeutschlands Hairstylisten haben in dieser Woche gut verdient. Ich sehe mich, in Reihe 26 des Congress Centrums Hamburg, umzingelt von blond drapierten Frauen meist mittleren Alters, die keine Dauerwelle, kein Strähnchen, kein Kleister-Make-up scheuen und vom Tigerjäckchen bis zum semitransparenten Body mit allem bewaffnet sind, was der Kleiderschrank hergibt. Im ausverkauften Saal knistert latente Erwartung, die eine Spur knisternder Erotik aufweist. Ein Gläschen Sekt (DM 7,50) dient der Auflockerung, Operngläser werden gezückt, die Show kann beginnen.

Rund 3000 Howard-Carpendale-Fans haben sich eingefunden, meist Frauen, wie gesagt, die die besseren Hälften (»Mein Mann wollte nicht mit, der schaut Fußball«) am heimatlichen Couchtisch zurücklassen, um unbelästigt in der Erinnerungsseligkeit des Abends schwelgen zu können. Zu vorgerückter Stunde, kurz vor 22 Uhr, werden diese Frauen aus sich herausgehen,

nein, meine Sorge war unberechtigt, sie werden nicht fanatisiert Wonderbras oder sich selbst auf die Bühne werfen, sie werden Contenance bewahren, selbst wenn die verblichenen Spuren im Sand oder die endlich verzogene Alice besungen werden. Das Höchstmaß hanseatischer Entrückung und Verzückung beschränkt sich darauf, die im Foyer preisgünstig erworbenen Leuchtherzen und Blinkstäbe hin und her zu schwenken, sobald Howie, wie ihr Star gerne genannt wird und lieber nicht genannt werden möchte, mit stockender Inbrunst sein Bekenntnis *Ti amo* schmettert. Manche routinierte Konzertgängerin greift auf das mitgeführte Feuerzeug zurück, um im abgedunkelten Saal jene Stimmung zu erzeugen, die man im unauratischen Zeitalter für das romantische Nonplusultra hält. Die mehr oder minder geschmacklose Laserdekoration auf der Bühne liefert die passenden Einstellungen: Strand- und Kußszenen, ein paar Rosen zwischendurch, samt und sonders Motive, die früher jeder Fototapete im Partykeller zur Ehre gereicht hätten.

Ehrlich gesagt: Diese fremden Frauen flößen mir Angst ein. In ihrem normalen Pinneberger oder Bergedorfer Leben erregen sie vermutlich wenig Aufsehen, doch hier, keinen Asti-Spumante-Flaschenwurf entfernt, wecken sie in ihrer ungehemmten Demonstration von Ergriffenheit die Befürchtung, sie könnten, sobald sie wieder Pinneberger oder Bergedorfer Boden unter den Füßen haben, damit beginnen, die Carpendaleschen Weisheiten auf ihren Alltag zu übertragen, den Gatten also abends mit einem lässigen *Hello Again* zu begrüßen, den Kindern die Philosophie von *Du fängst den*

113

Wind niemals ein zu erläutern oder »nachts, wenn alles schläft«, den CD-Player anzuwerfen. Ich bin froh, weder in Pinneberg noch in Bergedorf zu wohnen.

Die gemeine Carpendale-Anhängerin ist, wie erwähnt, eine Person in der Altersgruppe zwischen vierzig und sechzig. Ihre Leidenschaft für den Blonden aus Südafrika ist eine Leidenschaft für die eigene Jungmädchen- und Jungfrauenzeit. Kaum eine an diesem Abend möchte ernstlich hören, was Howies neue Lieder zu sagen haben. Tapfer erträgt man die erste Konzerthälfte, wissend, daß diese Sachen sowieso kein Hit werden, erduldend, daß der Sänger mehrfach zu seinem schlechtesten Stilmittel, dem Deklamieren von Coverversionen (Cher, Céline Dion), greift. Erleichterung stellt sich ein, als Howie nach langen vierzig Minuten endlich die Retrophase ankündigt. Die angestammte Sitzordnung wird aufgegeben; die Menschen stehen auf (ich und die Frauen vor mir auch) und strömen nach vorne, als nach der Pause Mittfünfziger Howard trotz leichten Übergewichts (das, wie meine akribische Recherche in der Fachpresse ergab, vom Liebeskummer herrühre) die Lederhose anzieht und zurückkehrt in seine große Zeit, die – so funktionieren die Gesetze der Autosuggestion – natürlich auch die große Zeit seiner weiblichen Kundschaft war.

Wer das Wirken des Künstlers Carpendale verstehen will, muß eintauchen in die Jahre seiner Anfänge, als er in seiner Heimat als Elvis-Imitator reüssierte und anschließend in Deutschland mit *Das schöne Mädchen von Seite 1* das Deutsche Schlagerfestival gewann. Carpendales Frühwerk zeichnet sich durch eine gewisse

Hauruckseligkeit aus, wie sie viele Songs der Siebziger bis zum Erbrechen kolportierten. Wie zahlreiche andere verkörperte der mit – so wollte es die Mode damals – schulterlanger, eingeölter Frisur auftretende Carpendale die robuste Seite der händeklatschenden ZDF-Hitparaden-Fröhlichkeit. Mit der rätselhaften Dunkelheit eines Bernd Clüver oder der taigaschweren Schwarzhaarigkeit einer Alexandra (*Mein Freund der Baum*) hatte Howard nichts zu tun. Daß sein erster Hit mit seinem Begehren, eine Frau per Versandhauskatalog zu bestellen (»... das möcht' ich haben und weiter keins«), mit dem sich anbahnenden Feminismus wenig am Hut hatte, störte das in dieser Hinsicht ohnehin unempfindliche Publikum nicht sonderlich. Howard galt als die exotische und dennoch blond-vertraut wirkende Alternative des Schlagergeschäftes, zumal mit den meisten zugereisten Sängern der fünfziger und sechziger Jahre kein richtiges Geschäft mehr zu machen war. Ihr fremdländischer Charme verblaßte; da kam ein anständig und adrett gekleideter Mann vom Kap gerade recht, zumal von dort kaum mit weiteren Gastarbeitern zu rechnen war.

Der eigentlich geniale Schachzug im Carpendaleschen Werdegang vollzog sich wenige Jahre später. Rechtzeitig machte er sich auf, dem zeitgeistbedrohten Mitklatsch-Stampf-Rhythmus abzuschwören, komponierte sein Liedgut nun oft selbst und schuf zusammen mit Texter Fred Jay jene Stücke, die das Herz des Hörers noch heute zu bewegen wissen. Howard ist, das muß der Neid ihm lassen, mehr als ein One-hit-Fuzzi aus der sozialliberalen Zeit des Schlagerabgesangs. Die Epoche des

singenden Bundespräsidenten Walter Scheel symbolisierte auf vielen Ebenen ein Zuendegehen; danach eroberten ausländische Produktionen endgültig die Sellerplätze, und es bedurfte der parodistischen Formen der Neuen Deutschen Welle in den Achtzigern, um dem deutschen Gesangswesen wieder ein wenig Leben einzuhauchen. Mit feiner Intuition nahm Howard diese Elemente des Niedergangs in sein Repertoire auf und gab sich konsequent als waidwunder Macho, der um die Schwächen des Mannes weiß und gleichzeitig ahnt, daß dessen letztes Stündlein bald geschlagen hat. Die Mehrzahl seiner Lieder, meist elegisch-melodiös ausgerichtet, erzählt in erstaunlicher Dichte von Männerschicksalen, wie sie die Literatur dieser Zeit (abgesehen vielleicht von Peter Handkes *Die Stunde der wahren Empfindung*) nicht hervorgebracht hat. Carpendales Helden sind verletzte Kreaturen, die – ein typisches Signal der Zeit – das Unglück selbst heraufbeschwören und im nachhinein, mal verstehend, mal trotzig, das Rad der Geschichte zurückdrehen wollen.

Kein Zufall ist es, daß eine Vielzahl der Lieder Nachtmotive einsetzt. Der Fluchtpunkt dieses Denkens und Fühlens findet sich in dunklen Gassen, in menschenleeren Straßen, durch die das lyrische Ich verlassen und in nachdenklicher Grundhaltung streunt (»nach einer Nacht ohne Sinn«), oder am nicht minder einsamen Meeresstrand, wo die unnachgiebige Flut die sandigen Fußstapfen der Geliebten mitnimmt. *Nachts, wenn alles schläft* oder *Auf der langen Reise durch die Nacht* heißen diese beispielhaften Rekurse auf die romantische Tradition, Texte allesamt, die der weiblichen

Zuhörerschaft ein gewisses Maß an Einsicht verheißen, ohne Howie zum sich windenden Schwächling zu machen.

Howard gibt sich – das ist sein Trick – verhalten zerknirscht. Eingeständnisse wie »Heute weiß ich, ich habe es mir zu leicht gemacht« oder »Manchmal weint auch ein Mann« gehen ihm leicht von den Lippen; die Frau soll seine Schuldgefühle wahrnehmen und zugleich erste Anteilnahme zeigen. Der streunende Wolf, der im Howard-Schafspelz steckt, tut sich mit der Damenwelt mehr als schwer. Er ist – wir kommen darauf zurück – selbstverständlich ein »homme à femmes«, einer, der nichts anbrennen läßt, ehe er reumütig erkennt, daß die Betrogene vielleicht doch die adäquate Partnerin war. »Ich wollte frei sein, doch jetzt frage ich mich, wofür«, tönt der tumbe Tor dann und hofft, daß die Verlassene, wie in *Hello Again*, auch nach einem Jahr Abwesenheit in der Wohnung sitzt und Däumchen dreht.

Genau besehen, fürchtet dieser Sänger die autonome Frau. »So wie der Wind bist auch du« heißt die Angstformel, die das Ungebändigte und Ungezähmte als Bedrohung seiner Männerseele versteht. Wütend schleudert er der unwilligen Gefährtin ein ungestümes »Dann geh' doch« entgegen, als ließe sich heute noch darauf bauen, daß das dumme Stück erkennen werde, was sie an ihm hatte. Howard Carpendales Evergreens beschreiben – das zeigt die Analyse schonungslos – Endzeitphänomene, die nur noch mühsam von herkömmlichen Gleitmitteln der marktgängigen Schlager zusammengehalten werden. Daß es dabei nur um Sex

117

gehe, müssen diese seit alters her scharf zurückweisen, denn schließlich gehört der Primat der Liebe zum unumgänglichen Themenschatz dieser Gattung. »Es geht um mehr für mich als die Nacht neben dir« oder »Es geht um mehr, als bei wem ich nachts liege« gibt Howie grammatikalisch kühn zum besten, wissend, daß ihm dies nur die naivsten unter seinen Anbeterinnen glauben werden.

Howard Carpendales Bild basiert auf einer überkommenen Virilitätspose, die es letzlich verhindert, daß ihm jene breite Anerkennung zukommt, auf die er, immer leicht beleidigt, bis heute hofft. In zahllosen Interviews hat unser Verächter der Apartheid-Politik (*Johannesburg*) alles getan, um sein Image auf Bodenniveau zu halten: »Männer sind in all ihrem Tun schwanzgesteuert« oder »Fremdgehen ist für einen Mann wie onanieren« lauten die zentralen Botschaften, die einen eigentümlichen Kontrast zur philosophischen Grundhaltung (»Du fängst den Wind niemals ein, der Wind will nicht gefunden sein«) seiner skeptizistischen Lieder bilden.

Vor diesem Hintergrund ist klar, daß Howards Leiden am Unverstandensein nie aufhören wird. Niemand wird ihn je als deutschen Elton John preisen, höchstens als dessen Pinneberger oder Bergedorfer Ramschausgabe.

Mittlerweile sind fast zwei Stunden im Hamburger Congress Centrum vergangen. Warme Wohlgestimmtheit durchzieht das Gebäude. Howard ist ein Star, sagen die Gesichter der Frauen um mich herum, doch sie spüren, daß er ein Leidender ist, daß seine Millionen ihn auch nicht glücklich machen und daß er irgendwann verein-

samt in Florida oder am Starnberger See enden wird. Ein mit Sicherheit blondes, junges Frauchen wird ab und zu an seiner Seite liegen, doch Howie wird, »traurisch wie ein Piano in der Nacht«, einsehen müssen: »Morgen früh wirst du gehn«.

Bei aller Andacht, die dieser Abend zeigt, ist nicht zu verhehlen, daß ihn ein dezent ironischer Ton durchdringt. Die eingefleischten Howard-Fans huldigen ihrem Liebling, doch sie übertreiben nicht; eine Ahnung postmoderner Verkehrung steigt auf, als mit der deutschen Smokie-Fassung *Tür an Tür mit Alice* der Höhepunkt des Konzerts erreicht wird. Wann, denke ich mir, wirst du wieder gesittete Frauen mittleren Alters sehen, die den Spielball des Interpreten sofort aufgreifen und eine absichtsvoll eingebaute Kunstpause nutzen, um mit kräftiger Stimme ein »Who the fuck is Alice?« in den zum Glück abgedunkelten Saal zu rufen? Nichts mehr, so scheint es, wird in diesen Tagen ernst genommen; selbst einer wie Howard Carpendale muß das Spiel der selbstironischen Distanzierung mitspielen. Das wenigstens war damals in den herrlichen Siebzigern anders.

Die Frauen vor mir – wir sind jetzt zweieinhalb Stunden unter uns – wirken ermattet, als Howard nicht davon abzubringen ist, seine unerwiderte Liebe zu Elvis Presley in Form einer Medley-Zugabe zu demonstrieren. *In the Ghetto*, vorgetragen in der überzeichneten Carpendale-Intonation, das ist zuviel. Die ersten brechen auf, es ist spät geworden, man muß früh raus morgen, denn schließlich zählt man nicht zu denen, die nächtens durch die Stadt ziehen. Das besorgt Howie

stellvertretend für uns, in seinen Liedern zumindest. Dann geht doch.

Mein Konzertbedarf ist für die nächsten Monate gestillt. Man muß sich seine Kräfte einteilen.

Hörsysteme Schwab & Scarsella

Es ist heute leichter geworden, sich zu seinen Vorlieben
zu bekennen. Von meinem Besuch im Howard-Carpen-
dale-Konzert beichtete ich unerschrocken Freunden
und Bekannten; ein leiser Anflug der Erschütterung
breitete sich auf ihren Gesichtern aus, doch wer selbst
bei McDonald's einkehrt oder Bärbel Schäfer sieht, darf
sich nicht über einen Schlagerverrückten mokieren.
Dennoch ist die Gesellschaftsfähigkeit des Schlagers
nicht in allen intellektuellen Kreisen unumstritten. Als
ich mich erstmals publizistisch zu Lolita und Gerhard
Wendland geäußert hatte, zog mich eine Literatur-
agentin beiseite und fragte mich mit besorgter Stimme,
wie ernst es mir eigentlich mit diesem Steckenpferd sei,
und ich solle ganz ehrlich sein. Das mit dem Fußball,
sagte sie, könne sie ja verstehen, sie selbst würde auch
ab und zu ein Spiel anschauen, und dank Handke,
Harig und Delius sei der ja inzwischen literatursalon-
fähig, aber Schlager ... das könne man nicht anhören,
geschweige denn sich damit beschäftigen ...
    Diese Agentin hat, auch wenn der Zeitgeist nachsich-
tiger geworden ist, Gewährsmänner auf ihrer Seite. Von
der Schlagerschelte Adornos, Brinkmanns oder
Rühmkorfs war schon die Rede, und auch die wissen-
schaftliche Auseinandersetzung hat oft kein gutes Haar
an Schlagern und ihrer Vermarktung gelassen. Moniert
wurde vielerlei: daß die »Frau im Schlager keinen
Busen« (Burkhard Busse) habe, daß seine Idole »Objekte

der kollektiven Triebansprüche des Käuferpublikums«
(Dietrich Kayser) darstellten und er ohnehin nichts als
ein »kollektiver Wachtraum« (Wilfried Berghahn) sei.
Das alles mag stimmen, und es gehört keine große
gedankliche Leistung dazu zu erkennen, daß der
Schlager Teil einer geldorientierten Unterhaltungs-
industrie ist, deren vordringlichstes Ziel es nie war, den
Menschen aus seiner Unmündigkeit zu befreien.

Was sich durch diese Erkenntnis nicht ändert, sind
die Subjektivismen, nach denen die Erinnerungs-
prozesse ablaufen: Der Mensch erlebt viel und vergißt
ebensoviel. Nur wenigen Dingen des täglichen Lebens
ist es vorbehalten, im Rückblick mit besonderem Glanz
versehen zu werden. Die Auswahlkriterien der Erinnerung
sind, allen psychologischen, philosophischen und literarischen Erkundungen, zum Trotz, rätselhaft. Unerheblich
Scheinendes rückt nach vielen Jahren plötzlich an die
Oberfläche des Bewußtseins, erhält allein dadurch die
Aura des Besonderen. Und unerklärlicherweise entzün-
det sich das Erinnern nicht immer an den »großen« und
erhebenden Ereignissen; nein, oftmals sind es
Banalitäten und Marginalien, die sich als Bojen im
Lebens- und Bewußtseinsstrom erweisen. Schlager
begleiten den Menschen, ob er will oder nicht. Ihre
Allgegenwart in Rundfunk und Fernsehen läßt kein Ohr
trocken und schmalzfrei, und so verbinden sie sich
unbemerkt mit Situationen, mit den Bekannten von
einst und heute. Zu Schlagern, die wir nicht aus dem
Kopf bekommen, werden solche, die den Nerv einer
Generation oder zumindest unseren ganz persönlichen
Nerv treffen. Unvergeßliche Schlager rühren an

kaschierte Schichten der Psyche, sie benennen Wünsche und Sehnsüchte so offen, wie es die Rede des Alltags kaum erlaubt. Komplizierte Gefühle werden auf einmal durchschau- und sagbar, und die Unverfrorenheit, mit der der Schlager glaubt, alle Phänomene des Lebens kurz und bündig darstellen zu können, hat etwas Beeindruckendes.

Ich bin mit dem Schlager zusammengekommen, als aus meinem Umfeld wenige mit ihm zusammenkamen. Das erklärt oder entschuldigt, warum mich Verse und Melodien von einst anrühren, ungeachtet ihrer zahllosen ästhetischen Defizite. Und das erhellt auch, weshalb in diesem Buch die glorreichen und oftmals so originellen Evergreens aus den Zwanzigern und Dreißigern nicht vorkommen. *Mein kleiner grüner Kaktus* oder *Ich hab' das Fräul'n Helen baden gesehn* interessieren mich als historische Zeugnisse, nicht als Gegenstände einer Passion. Der Schlager ist, wie das Wörterbuch zu Recht resümiert, ein »leicht eingängiges, meist anspruchsloses Musikstück«. Natürlich, doch ist es mitunter nicht entlastend, mit eingängigen Dingen zu tun zu haben? Immer Anspruch geht auch nicht.

Wer eine Leidenschaft hat, pflegt sie. Deshalb genügt es mir nicht, den CD-Player oder den alten Plattenspieler mit betörenden Originalaufnahmen zu bestücken. Nein, Sekundärliteratur muß her, und am meisten gewinne ich aus der Lektüre von *Memory*, dem, so der Untertitel, »Magazin für Freunde deutscher Oldies«. Das nicht ganz regelmäßig erscheinende Heft wird in Oberschleißheim vertrieben und wurde lange Zeit in Schwerte redaktionell betreut. Allein diese geographi-

sche Spannbreite verrät, wie umfassend auch das inhaltliche Spektrum dieses Organs ist. *Memory* erscheint bereits im 21. Jahrgang und wird von inbrünstigen Verehrern des Schlagers zusammengestellt. In einem rührend unprofessionellen Layout und mit wechselnden Regenbogenfarben auf dem Cover einherkommend, enthält die Zeitschrift mahnende Editorials des Chefredakteurs, flehentliche Bitten des Verlegerehepaars, von langen Telefonaten abzusehen, seelenerwärmende Vor-Ort-Berichte von freien Mitarbeitern, denen es gelang, ein Autogramm von Drafi Deutscher zu erhaschen, Jubelartikel zu Geburtstagen der großen Sänger, Diskographien, Homestorys angejahrter Interpreten, Rezensionen von neuen CDs und Büchern, Suchanzeigen (»Wer hat Originalsingle von Marianne Rosenbergs englischsprachigem Lied *With a little Love and Understanding?*«) oder Überblicksdarstellungen zur Geschichte des Deutschen Schlagerfestivals.

Meine Lieblingsrubriken in *Memory* sind (stets wohlwollende) Erinnerungen an Sänger von einst, etwa an Greetje Kauffeld, deren Klage *Wir können uns nur Briefe schreiben* mir erst auf diese Weise wieder ins Ohr kam, und die Berichte von den jährlichen Fortbildungstagungen zum Schlager, die die honorige Friedrich-Ebert-Stiftung in landschaftlich herrlicher Umgebung ausrichtet. (Vielleicht böte es sich an, hier meine Ausführungen über die ungleichen Weggefährten Christian Anders und Willy Brandt der Fachwelt nahezubringen.) Man hat in seinem Leben ja mancherlei abonniert: den *Spiegel*, *Die Zeit*, das Jahrbuch der Deutschen Schillergesellschaft oder *Information*

Philosophie. Von längst nicht allen diesen Produkten ließe sich sagen, sie erfreuten den Abonnenten jedesmal aufs neue. Bei *Memory* ist das anders; jedes Heft erbaut, erheitert und bildet.

Wo sich Schlager am besten hören lassen, darüber gibt es ganz verschiedene Auffassungen. Ich selbst höre Schlager bevorzugt beim Autofahren. Vor allem bei längeren Fahrten wird mein Wagen zur Musicbox auf Rädern. Ein gutes Dutzend von mir selbst liebevoll aufgenommener Kassetten führe ich immer mit; sie tragen Etiketten wie »German Horror« oder »Super-Mix« und verlangen danach, bei voller Lautstärke gehört zu werden. Dies bringt Nachteile mit sich: Zum einen überhöre ich bisweilen die gellenden Martinshörner von Polizei und Feuerwehr, was zu unverzeihlichen Konflikten im Straßenverkehr führt. Zum anderen bin ich aufgrund dieser Hörgewohnheiten im Auto oft allein. Kaum jemand möchte, zumal auf längeren Strecken, mein Beifahrer sein und die volle Heidi-Brühl- oder Ireen-Sheer-Dröhnung abbekommen. Und ich selbst werde unkommunikativ, wenn Rücksichtnahme dazu führt, daß der Volume-Knopf widernatürlich weit links steht und ich so tun muß, als sei es angenehm, Schlager als Hintergrundmusik zu hören.

Eine meiner einsamen Fahrten führte mich neulich in meine Geburtsstadt Heilbronn, dorthin, wo alles begann. Innerer Eingebung (während gleichzeitig der ideale Autoschlager *Im Wagen vor mir* von Henry Valentino und Uschi lief) folgend, wich ich von meiner Standardroute ab, bog von der Karl- in die Goethestraße ab und passierte jenes Eckgeschäft, das früher die

Bäckerei Käser beherbergte. Ich wußte, daß der Laden, in dem ich mit Bill Ramsey debütiert hatte, längst nicht mehr existierte. Irgendwann hatte sich dort eine Versicherungsagentur niedergelassen, die jedoch auch bald den Standort wechselte. Nun freilich hatte sich Entscheidendes, ja Symbolisches ereignet: Da, wo sich einst Laugenbrezel und *Pigalle* trafen, residiert das Fachgeschäft Hörsysteme Schwab & Scarsella, das, wie das Ladenschild annonciert, auf »Gehörschutz« spezialisiert ist. Ich bremste bewegt ab und sann über diese Zusammenhänge nach.